どんな時でも結果が出せる！

イチロー式 集中力

児玉光雄

PHP文庫

○本表紙図柄＝ロゼッタ・ストーン（大英博物館蔵）
○本表紙デザイン＋紋章＝上田晃郷

はじめに

シアトルマリナーズのイチロー選手が10年連続シーズン２００安打という偉業を達成しました。

これは近代野球としては、自身が持つ９年連続を更新するだけでなくピート・ローズの持つメジャー通算10回の２００安打に並ぶ快挙です。

そこでこの本では、イチロー選手に偉大な仕事をさせている「集中力」という要素に、スポットライトを当ててみました。

イチロー選手がプロ野球選手になった１９９２年以来、私は彼の心理・行動パターンを追っており、同時に、無名だった当時のイチロー選手の反射神経を自ら測定して、ある程度彼の将来性も見抜いていたつもりでいました。

しかし彼がこれほどまでの偉大な打者になるとは、そのとき夢にも思いませんでした。

そこで彼のこれまでの活躍を振り返って、「彼の凄さは何だろう?」と、私なりに考えたとき、**「類稀なる集中力があったからこそ、現在の彼がある」**という結論に至ったのです。


多くの人は、**「イチロー選手は特別だ。だから私たちが真似することは不可能」**と決めつけています。

しかし、**それはまったく間違っています。**

確かに、彼の卓越したバットコントロールは決して真似などできないですが、彼の「集中力」であるならば、あなたもその気になれば今日から身につけることができるのです。


イチロー選手が本格的に野球に取り組んだのは、小学3年生のときです。

お父さんの宣之さんとの二人三脚で名古屋の空港バッティングセンターに、それこそ毎日通いました。

そこでは毎日平均250球のボールを打ったと言われています。
この日課は中学3年生まで続きました。
つまり、彼はそこでのべ60万球以上のボールを打ったことになります。
その一球一球を打つことが集中力という偉大な才能を彼にプレゼントしたのです。

この本ではイチロー選手のそうした**集中力を発揮するしくみ**を私なりに分析してわかりやすく解説しています。

この本との出会いがあなたにイチロー選手のような集中力を与え、ひょっとしたらあなたの**運命を変える**かもしれません。

2010年10月

児玉光雄

CHAPTER 1

プレッシャーをはねのける

CHAPTER
2

ピンチを活かす

CHAPTER

3

目標を明確にする

CHAPTER

4

メンタルコントロールをする

CHAPTER 5

リラックスをする

CHAPTER 1

プレッシャーをはねのける

プレッシャーを味方につけよう

「失敗も成功もそのすべてが自分にかかっている」「ここで負けたらもう二度とチャンスがない」。そんな局面に置かれたとき、私たちの頭の中に突如現れるのが、**「プレッシャー」**という怪物です。

この目に見えない怪物が頭の中に入り込むと、思考を強迫観念が支配しだし、不安を生み、人が本来持っている「集中力」を乱します。

この状態のままでは、よい結果が出るはずもありません。

私たちはなんとかプレッシャーをはねのけようと躍起になります。

頭の中に居座る怪物をどこかに追い払おうともがき苦しむのです。

しかし、**それこそがプレッシャーの罠。**「集中しなければ……」と焦るほど集中できず、一生懸命取り組むあまり、かえって集中力を途切らせてしまうのです。

２００７年、イチロー選手はシーズン２３８安打、打率３割５分１厘という好成績を残しただけでなく、７年連続２００安打という金字塔を打ち立てました。

さらに同年のオールスター戦では、アメリカン・リーグを勝利に導くランニングホームランを打ってＭＶＰ（最高殊勲選手）に輝き、新たにシアトル・マリナーズとの５年総額９０００万ドル（当時レートで約１０３億円）という破格の契約を結びました。

イチロー選手も当然、ここに至るまでには私たちの想像も及ばないほど大きなプレッシャーを感じていたはずです。

にもかかわらず、なぜ彼はこれほどまでに素晴らしい結果が出せたのか。

この章では、イチロー選手独特の思考パターンから、プレッシャーを寄せ付けない方法、プレッシャーとの上手な付き合い方を学びましょう。

CONCENTRATION 1

小さなことからはじめていく

人は生きていく上で、プレッシャーと無縁ではいられないものです。

プレッシャーの中にあっても集中力を高めるにはどうすればいいのでしょうか。それにはまず「小さなことを丹念に仕上げていく」ことからはじめることが大切です。

２００４年10月1日、この日イチロー選手は、地元シアトルの４万５０００人の大観衆の目の前で、ジョージ・シスラーの持つメジャーのシーズン最多記録である２５７安打を84年ぶりに塗り替えました。

このときのことを振り返って、イチロー選手はこう語っています。

「いま小さなことを多く重ねることが、とんでもないところへ行くただ一つの道なんだなというふうに感じてますし、激アツでしたね。今日は」。

このように、**人はプレッシャーの中にあっても、じつは小さな単純作業を黙々とこなすことにより、集中力を高めることが可能です。**

どんな仕事も、小さなことの積み重ねで成り立っているものです。イチロー選手にとってもそれは同じこと。

実際彼にしても、バットを振る作業それ自体は全然おもしろくない作業であると考えています。

しかしこうした小さな作業の繰り返しが、プレッシャーの中でのイチロー選手の強さと集中力を育てているのです。

内容のおもしろい派手な仕事でしか集中力を発揮できない人はプロとは呼べません。

なぜその単純作業が存在するのか？
その本質を探ればプレッシャーの中でも集中力が鍛えられます。

イチロー選手が成し遂げたシーズン262安打の大記録も、1本1本のヒットと集中力の積み重ねによって達成された、そのことに私たちは気づくべきです。
つまり自分が辿り着きたいゴールのイメージを描きながら、それに向かって小さな作業を集中しつつ黙々とやり続けたことが彼のヒットを量産させたと言えるのです。

単純作業もそれをやり終えた瞬間の充実感を鮮明にイメージしながらそれに打ち込むようにしてください。

やり終えたゴールのイメージを脳裏に描きながら小さな作業を心を込めて黙々とやる。

これがプレッシャーの中でもあなたの集中力を高めてくれるのです。

ピークパフォーマンス・メッセージ

このメッセージを何度も読んで、
小さな作業も心をこめて打ち込もう。

1 私には大きな夢があり、その実現に向けて最善《さいぜん》を尽くすことができる。

2 私はいつも、チャンピオンのように振る舞うことができる。

3 私はいつも、最高の体調づくりに細心の注意を払うことができる。

4 私は1日1日を、完全燃焼できる。

5 私はいますぐやりたいことを、すぐに実行に移すことができる。

6 私はどんなピンチに遭遇《そうぐう》しても、それを楽しんで見事に克服できる。

7 私の精神状態は常に安定しており、笑顔を絶やさない。

8 私は今日という日を自分にとって最高の日にするために、全力を尽くすことができる。

CONCENTRATION 2

準備を完ぺきにする

プレッシャーの中で集中力を高めたかったら、とにかく本番までの準備に万全を期することです。

集中力あふれるチャンピオンの共通点は、本番にあまり興味を示さないこと。

この思考パターンが、本番にしか興味を示さない並の人間との決定的な違いです。チャンピオンというのは、本番に臨むまでの準備に最高の集中力を発揮して、心身とも最高のコンディションでスタートラインに臨むからこそ、本番でも最高レベルの集中力を発揮できるのです。

射撃の世界チャンピオン、ラニー・バッシャムもこう語っています。

引き金を引くのは誰でもできる。大事なのはそれまでの構えであり、結果はそれで九割九分決まる。

集中力をピークにして目立たない準備作業に命を懸ける。この大切さをわかっている人がプレッシャーの中でも成功を勝ち取るのです。

２００２年のシーズン、それまで日本のプロ野球時代から８年間続けていた首位打者のタイトルを逃がしたことについて、イチロー選手は記者団にこう語っています。

「続けていたものが止まるということは残念でありますが、人に勝つためという価値観で野球をやっているわけではありません。やれることはすべてやりましたし、手を抜いたこともありません。やろうとしていた自分、準備をした自分がいたことを誇りに思っています」。

いくら本番でベストを尽くしたとしても、準備を怠れば悔いが残ります。

しかし、準備に万全を尽くせば、たとえ本番でうまくいかなくても、満足感が生まれてくるのです。

「本番」というのは、自分が行った準備の確認作業にすぎないと考えてみましょう。それよりも、**いかにして準備作業の段階で集中力を高めていくか**、それを考えるようにしてください。

これさえできれば本番では、どんなプレッシャーの元でもあなたは集中力を発揮できるようになるのです。

準備作業の段階で集中力を高めよう

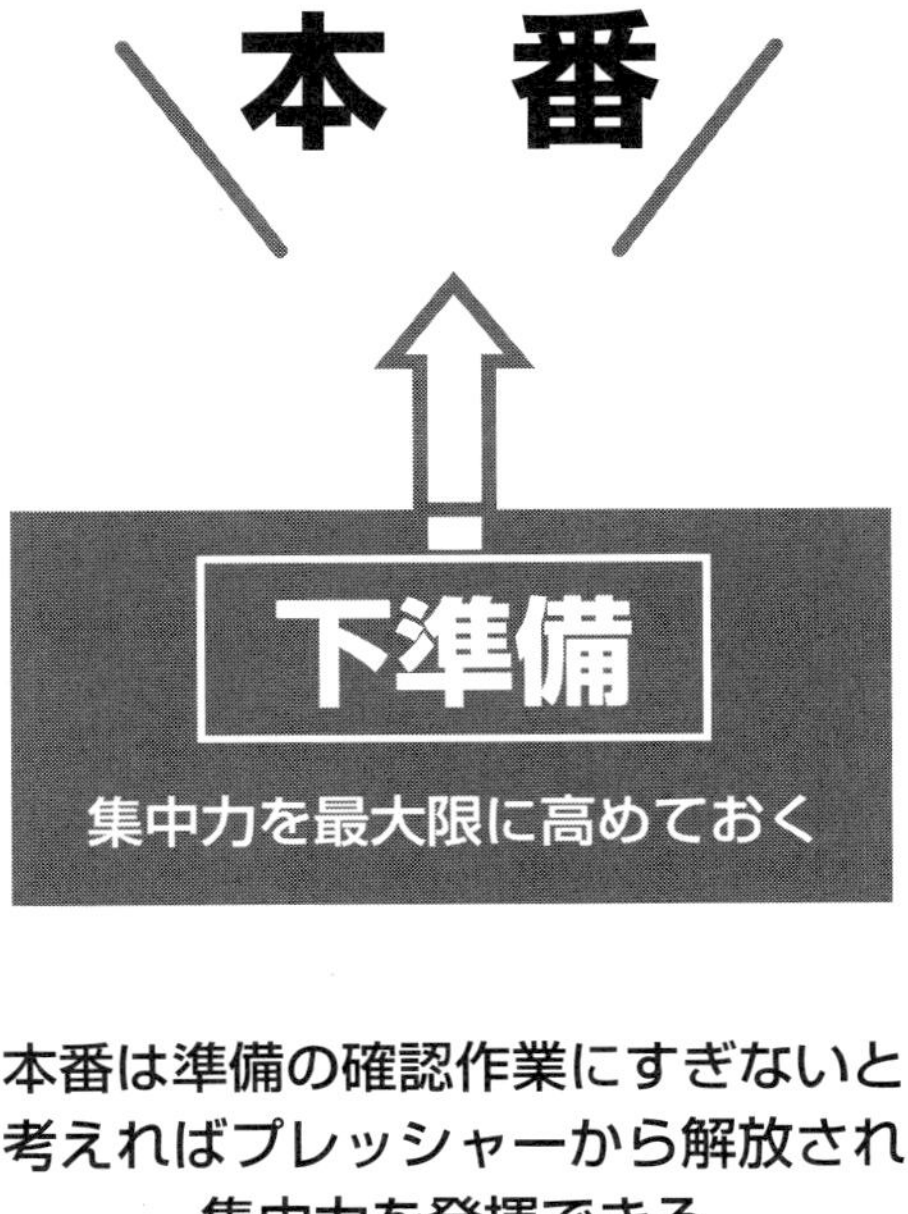

本番は準備の確認作業にすぎないと
考えればプレッシャーから解放され
集中力を発揮できる

CONCENTRATION

3 整理整頓をする

イチロー選手は、たとえホテルに滞在するときでも、上着、Tシャツ、下着類をきれいに分けて備え付けの家具の中にきちんと収納します。

タオル、歯ブラシ、ヒゲ剃り等は置き場所まで決めているくらいです。

この几帳面な性格と彼の集中力とは無縁ではありません。

すべての物事が整理整頓されていれば、どんなプレッシャーの中にあっても余分なことを考える必要がないため、肝心の自分の仕事だけに集中できるからです。

一方、机や引き出しが乱雑な人は、いつも物を探しています。

探すことに時間を取られてしまうから、いつも「忙しい、忙しい」と言ってるわりに、仕事が先に進んでいかない場合が多いものです。

もちろん私は机の上や引き出しの中が乱雑な人がすべて仕事ができないと言ってるわけではありません。

しかし実際、物が散らかっていることでストレスが溜まり、集中力を切らしてしまう人が多いように感じます。


ちなみに、整理整頓の状態は、その人の頭の中の構造も表します。


机の上や引き出しの中が乱雑な人は、頭の中も乱雑です。

そういう人はいったん頭の中を整理整頓し、しっかりした思考の骨組みを作ることからはじめてください。

骨組みがしっかりしていないと、ちょっとしたトラブルやプレッシャーが降りかかっただけですぐに集中力が倒壊してしまう恐れがあるからです。

やるべきことをすべて書き出し、それに優先順位をつけて順番通りに終わらせてみるのもいいでしょう。

このときメモ用紙を活用し、完了した作業は一つずつ消していくのもおすすめです。

整理整頓のキーワードは「一つずつ」「丁寧に」「最後まで」です。

やるべき仕事が山積みでプレッシャーに押しつぶされそうになったときでも、これさえできれば慌てることなく集中しながら仕事を進めることができます。

並列作業は能率的に見えて案外無駄なことが多いものです。

整理しながら物事を進め、どんなプレッシャーにさいなまれても、集中力が維持できるようはげんでください。

整理整頓のキーワード

**一つずつ
丁寧に
最後まで**

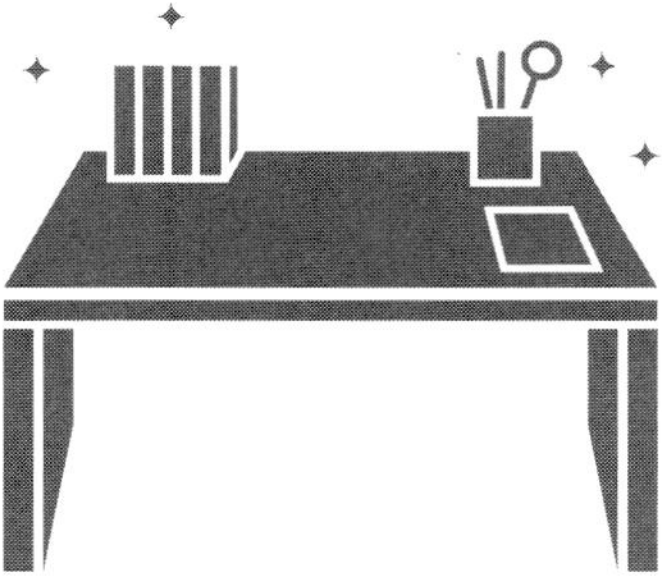

1つの作業をやり終えてから
次に移ろう

4 自分の感覚を大事にする

著名な文化人類学者のマーガレット・ミード博士は、「普通の人の感覚器官はたった7%しか機能していない」と言っています。

感覚器官とは**「視覚」「聴覚」「嗅覚」「触覚」「味覚」**などで、右脳が司る原始的な感覚のことです。

特にスポーツ選手は右脳が非常に発達しているものですが、イチロー選手も子ども時代からこんな遊びをして、無意識に右脳を活性化させていたそうです。

「バスに乗っているときのモチベーション、電信柱が真横に来たなと思ったら目をつぶるとか、そういうことはしょっちゅうやってましたよ。こう何かに合わせたいんですよね、きっちり」。

右脳と感覚器官、感覚器官と集中力は密接に結びついています。

あなたがプレッシャーの中でもより精度の高い仕事をしたいなら、イチロー選手のように感覚器官の力を伸ばすトレーニングを積極的にしてください。

調香師は毎日毎日、さまざまな香水を嗅ぎ分けることで、普通の人の何十倍、何百倍もの敏感な嗅覚を身につけます。

これにならって身近な例で言えば、パソコンのキーボードをタッチタイピングで打ってみる、はじめて行く場所にはあえて地図を見ずに行ってみる、そんなことなら今からでもすぐに実行できるトレーニングになるはずです。

感覚を研ぎ澄ますトレーニングを何か一つ、毎日の日課にしてみましょう。

感覚器官の大きな特徴は「いくら酷使しても疲れない」ということです。

トレーニングはいくらやってもやりすぎることはありません。
どんどん鍛え上げて「五感の鋭い人」になってください。

感覚器官トレーニング

電車の中でも
トレーニングをしてみよう

- お気に入りの音楽を聴く
- 車窓から景色の中の看板の情報を読み取る
- 車窓から通過する駅名を読み取る動体視力トレーニング
- 吊り革を使っての筋力トレーニング
- 両足を浮かせて座る腹筋トレーニング

CONCENTRATION

5 嫌なことから片づける

「集中力」と「切迫感」の相性はとてもいいものです。つまり、**プレッシャーのもと集中力を高めたかったら、逆に切迫感をより高めるというのも一つの方法だということです。**

仕事でもどうせやらなければならないことなら、嫌なことを先にやる。

それが集中力を途切れさせない秘訣です。

ところが残念なことに、ほとんどの人が嫌なことを後回しにしてしまいます。

そのため、そのことが気にかかって目の前の仕事に集中できないのです。

嫌なことをまず最優先して処理してしまえば、後は自然に集中できます。

しかも一番最後に得意なことを残しておけば、楽しみが増えて最後まで集中力が途切れることはないのです。


ちなみにイチロー選手はさらにそれを超えた思考・行動パターンをとっています。

たとえやらなくてもいいことでも、あえて嫌いなことをやる。

彼はそんなことまでしてみせます。

これに関して、イチロー選手はこう語っています。


「嫌いなことをやれと言われてやる能力は、後で必ず生きてきます」。


自分が避けていることの中にこそ飛躍のヒントが潜んでいることを、彼は過去の自分のキャリアから、ほかのどの選手よりも痛切に知っているのです。

目の前に「必要な仕事」と「したい仕事」があったとき、多くの人が「したい仕事」を優先させますが、それでは集中力は養われません。

やりたいことは放っておいても集中力を発揮できます。やりたくないことを集中しながら率先してやり遂げる――そういう発想を持つことにより、集中力は高まるのです。

イチロー選手の素晴らしい才能は、卓越したバッティングセンスだけではありません。

やりたくない嫌なことでも、必要であれば進んで実行する――そういう姿勢があったからこそ彼は一流の仲間入りができたのです。

嫌いな仕事をあえて最優先でやる習慣。

これがあなたにプレッシャーの中でも集中力という能力をプレゼントしてくれるのです。

嫌なことから片づけよう

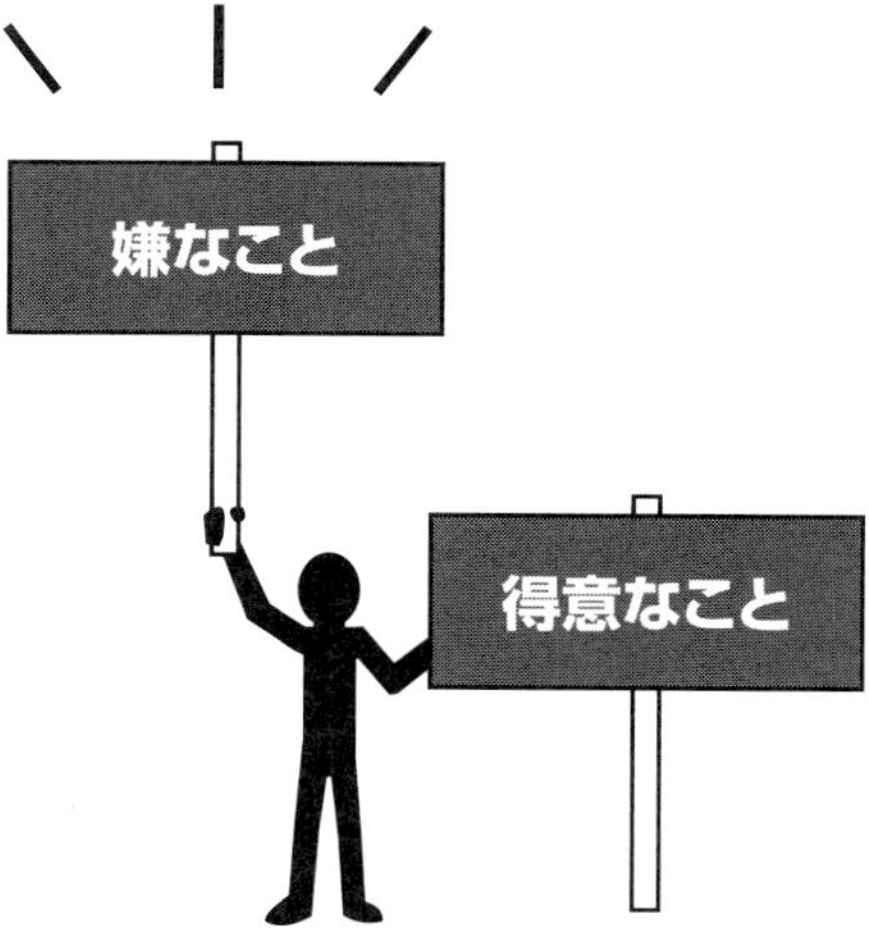

嫌なことを後回しにしているようでは
集中力は育たない

CONCENTRATION

6 「没頭」しよう

「没頭力」こそ集中力を高める特効薬です。

テーマを絞り込めるだけ絞り込んで24時間そのことについて思索し続ければ、誰でもプレッシャーをはねのけ集中することが可能です。

もちろんただ思索するだけでは進歩はありません。

まずは行動を起こすことが大切です。

例えばイチロー選手は、「今日は2時間かけて筋力トレーニングをやる」と決めたら、その場で「今日は午後7時から午後9時までフィットネスクラブに僕はいる」と決めるわけです。

そしてそのことを実行するために、その日のスケジュールをこの2時間を軸に決めていきます。

もちろんチームメイトが「一緒に夕食をとろう」と誘ってきても、勇気を持って断わります。

こうした「没頭力」こそが、イチロー選手の集中力を高めていると言えるのです。

もう一つイチロー選手の素晴らしいところは、基本的にこうしたことを、**ひとりきりで黙々と**こなすことです。

このことについては、私の大好きなエピソードがあります。

それは、オリックス時代の1996年の春の沖縄キャンプでのこと。

合同練習を終えてほかの選手がホテルに戻った後、イチロー選手は憑かれたようにピッチングマシーン相手にものすごい打ち込みをはじめます。それは午後4時から7時半まで続きました。

見守っていた記者たちがようやく練習を終えて戻ってきたイチロー選手を取り囲み、なかの一人が「そんなに打って大丈夫ですか?」と聞いたところ、イチロー選手はこう語っています。

「体が要求するからやっているんです。要求しなければやりませんよ」。

やらされる仕事か、自発的にやる仕事か。
その意識の違いが「没頭力」の違いを生み、集中力に決定的な差をもたらします。

テーマを決めてのめり込む。

それがあなたをプレッシャーに打ち勝つ「集中力の達人」に仕立てるのです。

デニス・ウェイトリーの人生を成功させる9つの鍵

この部分をコピーして手帳に貼り付け、目の前の仕事に没頭しよう。

1	楽観的に将来をみる。
2	現実の不満に対して、建設的な姿勢をとる。
3	好奇心が強く、観察力も鋭《するど》い。
4	胸襟《きょうきん》を開いて多様さを受け入れる。
5	夢想家《むそうか》であり、将来の構想を練《ね》ることができる。
6	冒険好きで、さまざまなことに興味を抱く。
7	悪《あ》しき習慣に気づいたら、すぐにやめることができる。
8	独自の思考を展開できる。
9	全脳思考《ぜんのうしこう》ができる。

CONCENTRATION

7 視線を固定させる

人間は強いプレッシャーを感じると集中力が散漫になり、気持ちの動揺が目に表れます。

そうでなくとも気が散っている人というのは、どこか視線が定まらずキョロキョロしているものです。

「集中していないから視線が定まらない」。

通常の理論から言えばこうなりますが、集中力強化という観点から考えたとき、これは逆の理論でいとも簡単に解決することができます。

逆の理論——つまり、**「視線を固定できれば、自然と集中できるようになる」**というものです。

プレッシャーがかかったら、まずは視線を固定させる。

あくまでも**仕草が主役であり、気持ちは脇役**と考えてください。

イチロー選手はバッターボックスに入ったとき、バットをバックフェンスの自分の名前に合わせます。

これで無意識に視線を固定させて集中モードに入るのです。

いわゆる**条件反射という生理的メカニズムを彼はうまく活用している**というわけです。

また、イチロー選手は、自分の目に関してこう語っています。

「視力はよくないですが、動体視力になるといいです。こういうことは、自分で能力を見つけないといけません」。

彼は視力がいいからボールが見えるのではありません。

自分に向かって高速で飛んでくるボールだけに集中して視線を固定できるから、絶妙のタイミングでボールをバットで捕らえることができるのです。

並のバッターは、ピッチャーとボールの両方を意識してしまいますが、これは二つの対象物に視線を移動させることになるため、なかなか集中できません。

バッターボックスに入ったら、ピッチャーのことは無視するくらいの勢いで、ボールだけに視線を固定させる。

この集中レベルの決定的な違いが、ヒット数の違いの一因になっていることは間違いありません。

あなたもプレッシャーを感じたときには、イチロー選手のように最も重要なもの一つだけに視線を固定させてみてください。

そこから得られる集中力を前にしては、プレッシャーを感じる暇などなくなるはずです。

視線を固定させてみよう

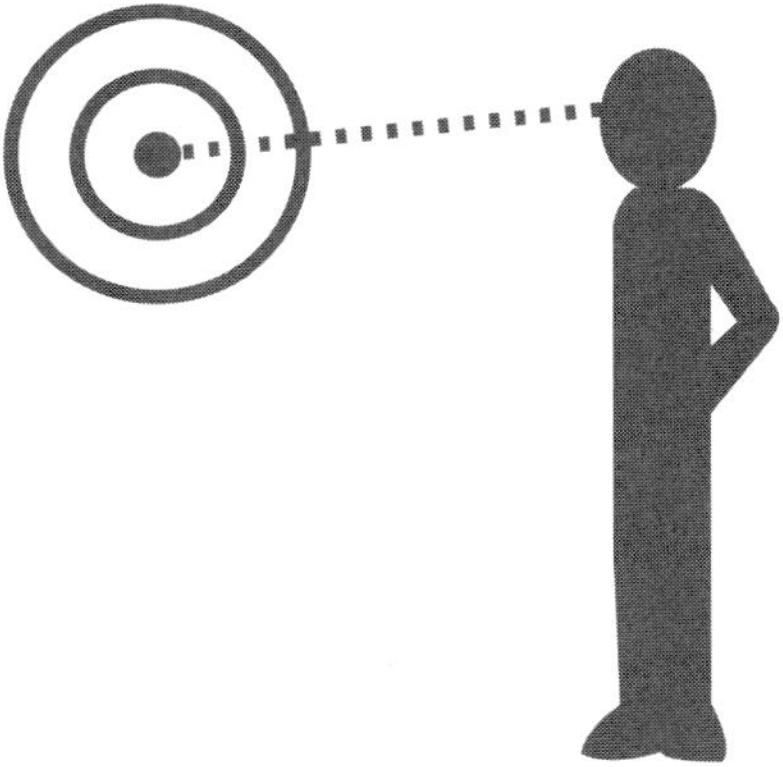

視線を固定できれば
プレッシャーをはねのけ
自然と集中できるようになる

CONCENTRATION 8

感情をコントロールする

集中力を高いレベルで維持させるには、プレッシャーの中にあっても常に淡々とした態度を貫くことです。

多くの人はプレッシャーに押しつぶされるとそれに過剰反応しすぎてしまい、感情的になりがちです。

しかし、イチロー選手はそうではありません。

彼は三振に打ち取られても、ホームランを打っても表情をほとんど変えません。

つまり彼はどんなときにも同じ表情と仕草を取り続けることができる、精神的に安定しているプレーヤーだということです。

スポーツ心理学では、これを**「パフォーマースキル（＝演じる能力）」**と呼んでいます。この「演じる能力」こそ集中力を絶対途切れさせない秘訣です。

イチロー選手はどんなときでも勝利を大袈裟に喜ぶこともなければ敗北を嘆くこともありません。

審判にボール球をストライクと判定されて三振を喫しても、淡々とした表情でベンチに戻って行きます。たとえ審判の判定が間違っているという思いが湧き上がってきても、それを見過ごす覚悟ができているのです。

あるいはピッチャーに肋骨にボールをぶつけられたとしても、何もなかったようにバットを置いて一塁に移動できるのです。

彼独特の「演じる能力」が、安定した集中力の形成に貢献していることは間違いありません。

これに関してイチロー選手はこう語っています。

「僕だってみんなと同じように、イライラしたり腹も立ちます。だけど、ほかの人にそれを知られたり、闘争心をむき出しにしたくないんです」。

喜怒哀楽を出す人はいつも集中できないでいます。

感情は心の嵐であり、集中力を途切れさせる元凶です。

これに関して、彼はこうも語っています。

「どんなに気持ちが揺れていても、いつも通りの作業をすることで、自然にバッティングの気持ちに切りかえることができるんです。僕にとっては、いつも通りにすることが、プレッシャーに対処するための唯一の方法ですね」。

確かに、感情のガス抜きとして一時的に怒りや悔しさを表現することは悪いことではありません。

しかし理想的には、イチロー選手のように腹の中が煮え返るような怒りがこみ上げてきても、表情に出さないこと――安定した集中力を手に入れるには、そういうテクニックを身につけることも必要なのです。

パフォーマースキルの図

喜怒哀楽は集中力を妨げる

CONCENTRATION

9 プレッシャーの中でも自主性を貫く

オリックス入団後2年目のシーズン、イチロー選手は一軍と二軍の間を3回も往復しています。しかも、終盤になって当時のバッティングコーチがイチロー選手にこう囁いたのです。

「これが最後のチャンスだ。オレの言うことを聞いてフォームを変えるのであれば教えてやる。聞かないのであれば勝手に自分でやれ」。

このコーチの言葉にイチロー選手は迷うことなく、「聞きません」と宣言して、次の日から自ら二軍に落ちていったといいます。

自分で決断していかなければならない仕事であれば、集中力を高めない限り成果は上がりません。

このとき人の言いなりのままにやっているだけでは、集中力がつかないばかりか、結果が出るはずもありません。

目の前の仕事については、たとえコーチであっても指示されたくない――イチロー選手にはそのこだわりがあったからこそ、現在の彼があるのです。

人は自分の哲学や信念を貫くことにより、目の前の自分の仕事に集中できます。

もしもオリックス時代にイチロー選手がコーチの指示通りに安易にフォームを変えていたらどうでしょう？　多分現在の彼はなかったはずです。

「寄らば大樹の陰」はもはや時代遅れなのです。

私の大好きなイチロー選手の言葉があります。

「誰かに教えてもらって『形』をつくってきたわけでなくて、自分でやりたい放題にやってきたのです」。

イチロー選手は自主性を大切にして集中力を目一杯発揮してきたからこそ、自分の形を確立できました。これは、イチロー選手にとってまさにリーダーであるコーチとの闘いでもあったでしょう。

自分の形を形成するのはあなた自身しかいません。こと目の前の仕事に関して、あなたはプロ。そういう意識を持って仕事に取り組んではじめて集中力は磨かれます。

正しいと信じた自分の主張は絶対曲げない。

集中力を目一杯発揮する土壌をつくるためには、プレッシャーの中でも自分の哲学を信じてひたすら技に磨きをかける努力をして、その技をしっかり外に向かってＰＲしていくことが大切です。

それができる人間だけがプロフェッショナルと呼ばれるのです。

自分の信念を貫こう

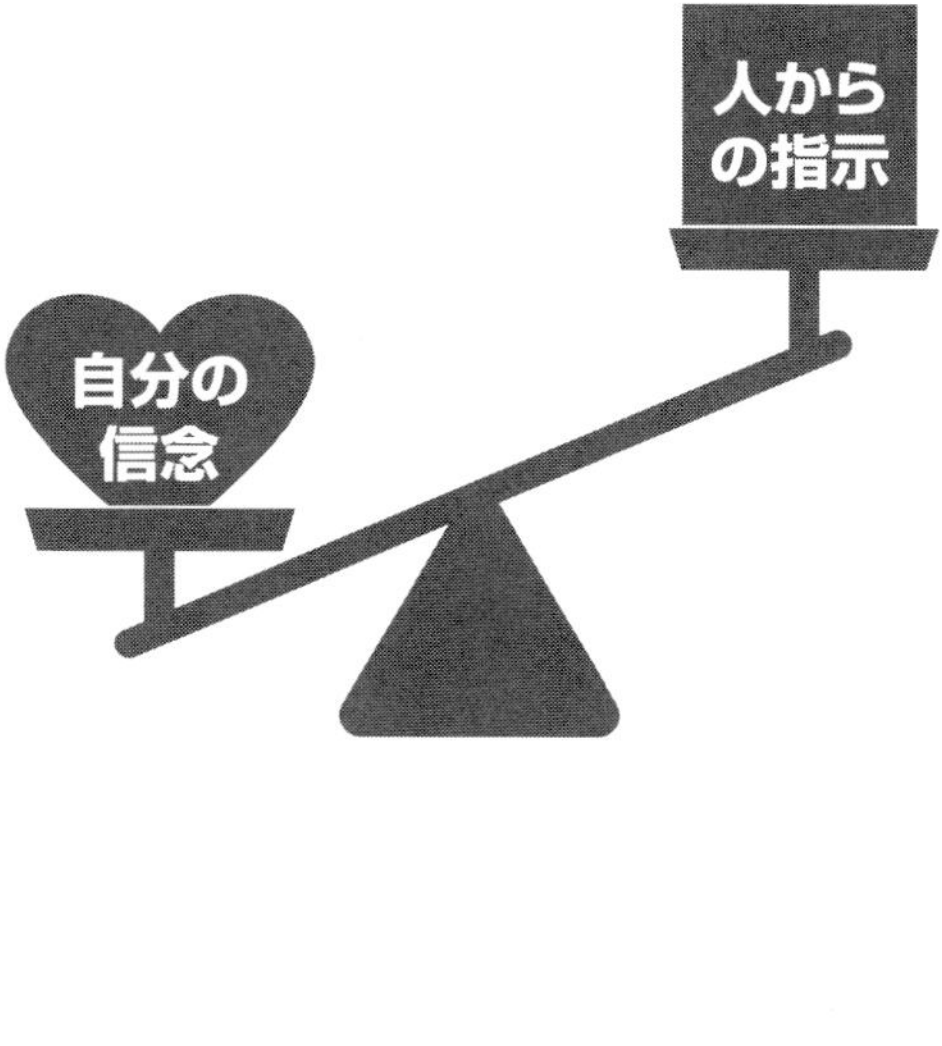

どんなときも自分の信念を貫くことで
集中力は磨かれる

CHAPTER 2

ピンチを活かす

ピンチのときこそチャンス！

人間の集中力は、物事が順調に進んでいるときやコンディションが絶好調のときは、何もしなくても自然と発揮されているものです。

ところが、**予期せぬトラブル**や**スランプ**に陥ったりすると、それまで頂上に向かって一直線に進んでいた集中力が一瞬のうちにして乱れ、迷走しはじめます。

目的達成への意欲が大きいほど、スムーズに事が運んでいるときほど、こうした**ピンチによる集中力の乱れ**は大きくなり、頭が真っ白になって自分がどうしたらいいのかわからなくなるものです。

ピンチからいち早く逃れたい、スランプから脱出したい。普通の人ならそう願うところですが、しかし、そのような考え方では、乱れた集中力はいつまでたっても修復できません。

大切なのは、ピンチの「受け止め方」であって、決して「逃げ方」ではないのです。

これが、私が本章で最もお伝えしたいことです。

ピンチの捉え方ひとつで集中力のブレは簡単に修復できます。そればかりか、本来の集中力のパワーを増幅させ、より大きな結果に導くことも可能なのです。

一流の野球選手を目指す中で、イチロー選手にも幾度となくピンチが襲いかかりました。それは大リーグで活躍する今も同じでしょう。

しかし、彼は決して**ピンチを悪者扱いしていない**、むしろピンチは味方になるのだ、と言い切っています。

その考えは一体どこから来るものなのか。

イチロー選手の大きな成功に裏打ちされた確かな理論を、ここでは皆さんにしっかり学んでいただきたいと思います。

CONCENTRATION

1 人の評価にまどわされない

私たちはピンチに陥ると、つい外部の評価に過剰反応するものです。

「ここで失敗したら、あの人にこう思われるんじゃないか、こう言われてしまうのではないか」。

さらにはこうした過程で自らを見失い、集中力を発揮できなくなる人が多いように思います。

イチロー選手はこんな風に語っています。

「すばらしい評価でも、最悪の評価でも、評価は周囲がするものであって、自分自身が出した結果でも、示した方針でもない。自分の姿だけは絶対に見失ってはいけないと思っているんです」。

つまり**集中力を養うということは、外部の評価を徹底的に排除する能力を持つということ**で、いついかなるときも「自分の軸を持ち続け」、「自分の姿を見失わない」姿勢が大切になるということです。

ピンチに陥り外部の評価にいつも意識がいってしまうと、結局軸を見失い、何をしていいかわからなくなり、集中できず、成果も上がらなくなるものです。

これではいつまでたっても集中力など磨かれません。

集中力をつけたいならば、まず、「自分はこうだ」と思うものを決め、その信念を貫き通す勇気を持つようにしてください。

例えばピンチに陥りリーダーと意見が一致しないという状況に置かれたならば、説得してでもリーダーの意見を変えてしまうぐらいの信念を持っているスタッフでないと、これからは生き残っていけない、そういう人でないと集中力を高めていくことは難しいということです。

自分の信念を持つことによって、人は仕事に集中でき、結果的に自信を持って堂々と仕事に打ち込めます。

ピンチに遭遇したら、慌てず、動揺せず、深呼吸していったん冷静になりましょう。そして、

人から、あるいは自身から否定されかけた自分を、もう一度信じてみるのです。

ピンチに陥ると、人はその場をうまくやり過ごすことだけに終始しがちになるものですが、譲れない信念や美学があるなら、それを貫くことであなた自身にパワーをみなぎらせることが可能です。

ピンチのときほど信念を貫く勇気を持つ。

そうすればあなたは集中力を、さらに高めることができるのです。

ピンチノート

あなたのピンチを見直そう

ピンチの状況	解決策	達成確立
1		%
2		%
3		%

ピンチのときに頑張れるかどうかが集中力の有無につながる

CONCENTRATION 2

結果に一喜一憂しない

私たちは何を置いても**「結果がすべて」**と考えがちです。結果がよければ集中力が高まっている、悪ければ欠けている……と。

果たしてそれは正しいのでしょうか。

ある雑誌のインタビューで、「イチロー選手にとってスランプというのはどういう状況ですか」と聞かれたときに彼が答えた言葉はこうでした。

「僕の中のスランプの定義というのは、感覚をつかんでいないことです。結果が出ていないことを僕はスランプとは言わないですから」。

つまりイチロー選手は、ヒットが打てているときが必ずしも集中力が高まって調子がいいときとは思っていないということです。

むしろ逆に、ヒットが出ないときこそ、集中力が高まっているのです。

イチロー選手は5打数ノーヒットのとき、ものすごくわくわくする、ぞくぞくすると言います。というのは、何かをつかみそうだという感覚にとらわれ集中力が高まるからです。

逆に5打数5安打というのは、全然おもしろくない。

つまりそれは、自分の実力が素直に出ているだけだから、そこから得るものは何もないということです。

つまり結果ではなく、まずは自分の内面の感覚に目を向けなければ、集中力は養われないということです。

人は結果だけで判断してしまうと、自分を見失ってしまいます。

イチロー選手はこうも言っています。

「大事なことは、4タコで回ってきた5打席目に心から喜べることですね」。

4打数ノーヒットのあとの5打席目に集中力を高め、「よし、これで絶対ヒットが打てるぞ」という気持ちで臨めるかどうか。

結果が悪くなればなるほど普通の人は集中力が途切れるにもかかわらず、彼は逆に集中力を研ぎ澄ましていっています。そういうことがすごく大事なことなのです。逆境に置かれても、集中力を途切らすことなく、よくない結果がいくら出ても、ますます集中力を研ぎ澄まして仕事に臨めるかどうか。

「スランプこそ絶好調」。

これも彼の言葉です。あなたもこれを見習い、結果が出ないときこそ、何かをつかみ取ることができるチャンスなのだと考えてみてください。

努力→成果→満足のサイクル

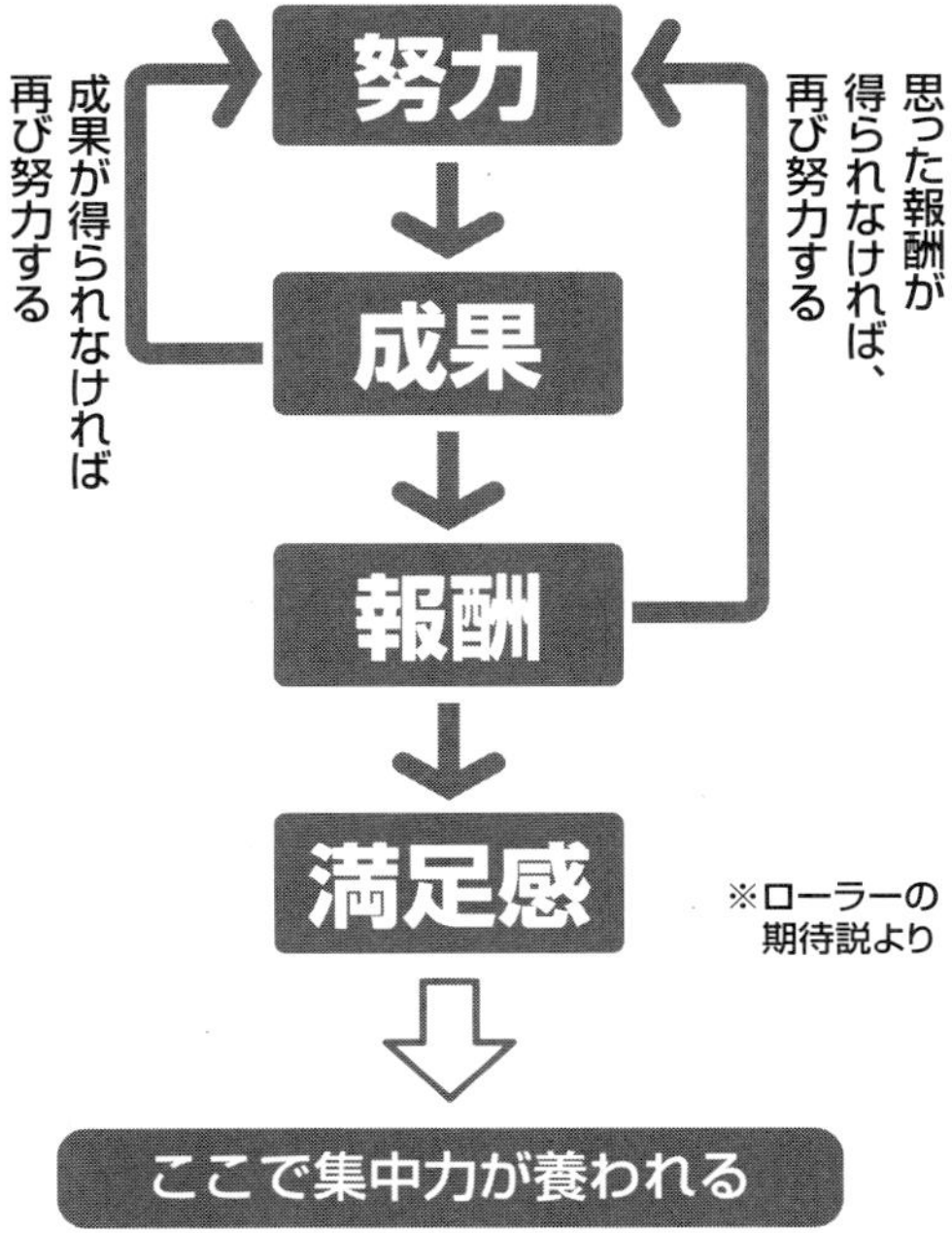
努力
成果
報酬
満足感
成果が得られなければ再び努力する
思った報酬が得られなければ、再び努力する
※ローラーの期待説より
ここで集中力が養われる

CONCENTRATION

3 不要なものを捨てる

あなたはピンチのとき、知識や技術をどんどん「つけ加えていく」ことが正しい解決法と思い込んでいないでしょうか。

「もっと知識を増やせばこれを乗り越えられるのでは」「もっと色々な仕事をすれば自分の力になるはず」、と。

しかし残念ながら、その方法で大成した人はほとんどいません。

「今でもブレない自分というものが完全にでき上がっているわけではないですよ。ただ、その時々に感じたものを削除するという行為を繰り返してきただけなんです」。

これは、ある記者にバッティングの技術で一番気をつけていることを尋ねられたときのイチロー選手の言葉です。

自分に「プラスしていく」のではなく、自分が持っているものから「マイナスしていく」。

この至極シンプルな思考・行動パターンは、彼の集中力の根源そのものです。
余分なものを取り除く作業に没頭すると五感が研ぎ澄まされ、徐々に自分のコアな部分が見えてきます。

イチロー選手もこうして自分の余分なものや悪い点を取り除いていき、自分がそのときにいいと思った一点に向かって突き進むことでピンチを脱し、一歩一歩ステップアップしていったと言っています。

数年ごとに変化するバッティングフォームは、そのいい例ではないでしょうか。

「Un-learn（アンラーン）」という言葉があります。

これは「学ばない」という意味ではなく「脱習」、つまり「知識のぜい肉を取り除く」という意味です。

日本人は知識さえ得れば賢くなる、偉くなるという錯覚にとらわれがちですが、集中力を身につけ大きく成功したければ、イチロー選手のように「捨てる」意識を持つべきです。

これは「無駄な仕事をしない」ということにも通じます。

目の前にある仕事は自分にとって大切なのか、そうでないのか。

集中力を養うには、「自分に本当に必要なものは何か?」と自身に常に問い続けることです。

ピンチにおいては捨てるべきもの、無駄なこと、中途半端に終わりそうだと思ったことは潔く捨てるようにしてください。

脱習《アンラーン》のしくみ

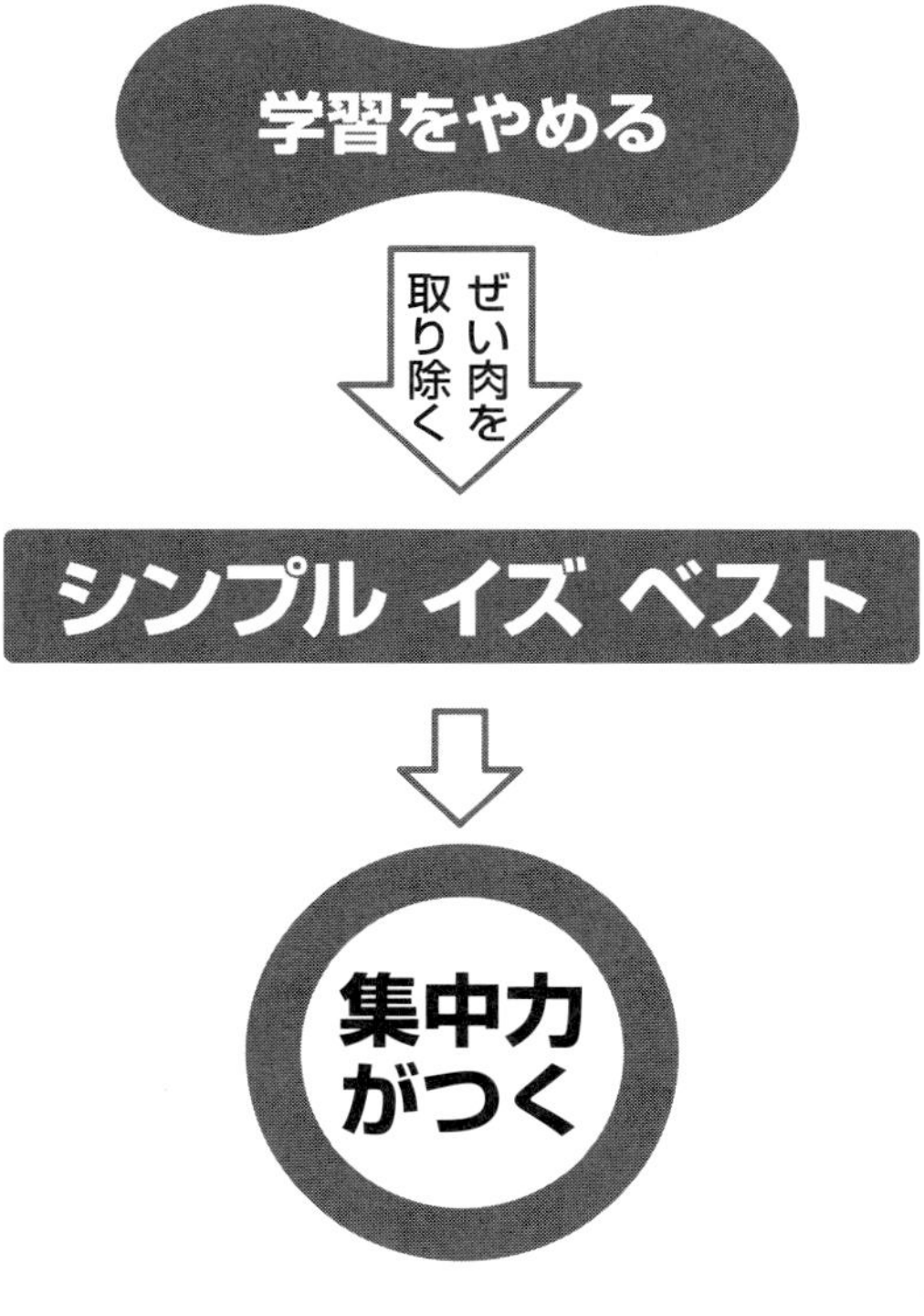
学習をやめる
ぜい肉を取り除く
シンプル イズ ベスト
集中力がつく

CONCENTRATION

④ 他人と競うことに無関心になる

「自分にとって満足できるための基準は、少なくとも誰かに勝ったときではない。自分が定めたものを達成したときに出てくるものです」。

これは、2004年の10月1日に、ジョージ・シスラーのシーズン最多安打記録を打ち破ったときのイチローの言葉です。

私たちは、何かにつけて他人を意識し他人と比較し、劣ったときにはこれをピンチと感じます。

だから、相手を打ち負かすことで満足感を得るタイプの人が非常に多いのも事実です。

しかし、果たしてそれで本当に集中力が培われているのかというと、答えは否。

じつは集中力というものは、他人と競うことでは決して身につかないのです。

イチロー選手は他人と競うことに全くと言っていいほど関心がありません。

集中力が培われるのは、自分の中で「できなかったこと」を「できるようにする」とき。

「ライバルは他人ではなく自分自身」とはよく言われる言葉ですが、自分の中の目標に向かって頑張るときにこそ集中力は培われるのです。

私たちは目標をクリアすれば、それに伴い大きな満足感や充実感を手にします。

それは、他人を打ち負かしたときとは比にならないほど大きな喜びです。

イチロー選手はこのことを身をもって経験しているからこそ、冒頭のような言葉が飛び出したのでしょう。

自分が進歩していくことに快感を見いだした人は「もっと満足したい!」と考え、さらなる集中力を発揮します。

するとそれに比例して徐々に大きな結果が出せるようになるのです。

他人を打ち負かすというのは単なる目先の目標にすぎず、成果もそれなりにしか上がりません。

それよりもっと長いスパンで自分を見つめ、自分を成長させるための手立てを考えれば、今やっている仕事の中でも自分なりの目標が見えてくるでしょう。

あなたはイチロー選手のように、一度でも自分の目標に向かって本気を出したことがあるでしょうか。

やる前から諦めてしまっていないでしょうか。

まずは他人と競うことをやめ、「自分はやれる！」と信じることです。

そうすれば必ず集中力はついてきます。

自分の目標に勝つことで集中力を養う

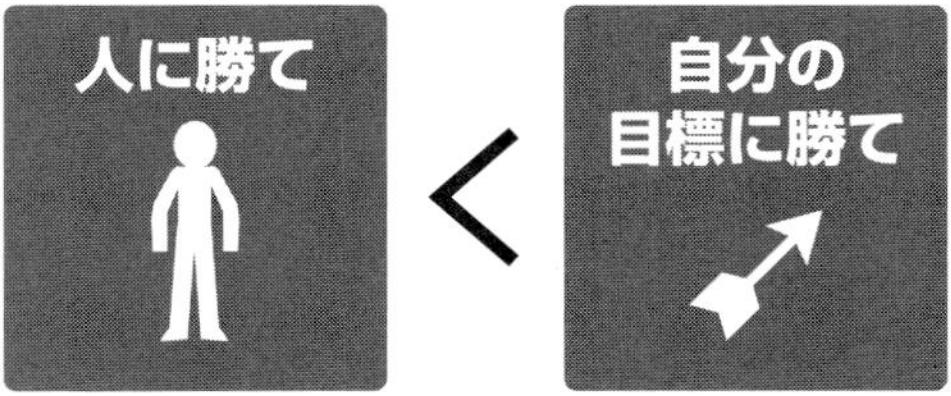

ジェローム・ブルーナーの実験によると、こちらの命題を与えられた人の方が成績が伸びた

人に勝つことよりも、
自分に勝つことで集中力は伸びる！

CONCENTRATION

5 ピンチを楽しむ

「ピンチ」という言葉はたいてい悪い意味で使われます。
不安になってソワソワし、夜も眠れず、手に汗をかくような状態には誰でも陥りたくないものです。
しかし、イチロー選手はこんなことを言っています。

「ドキドキする感じとか、ワクワクする感じとか、プレッシャーのかかる感じというのはたまらないですね、僕にとって。これが勝負の世界にいる者の醍醐味ですからね」。

なんと彼は、普通なら悪者扱いされるべきピンチの状態を楽しんでしまっているのです。

ピンチのときほどヒットを出すイチロー選手の勝負強さの秘密はここにあります。

彼のようにピンチの状況をも味方につけることができたら鬼に金棒、どんな大きなピンチに陥っても自分を失わず、落ち着いて事を全うすることができるでしょう。

「でも、そんなことができるのは彼のようなごく限られた天才だけではないか」という声が聞こえてきそうですが、いいえ、あなたにも簡単に真似できます。

なぜなら、ピンチの状態というのは脳のレベルが非常に高まっている状態で、**何もしなくても自然と集中力がアップする状態になっている**からです。

スポーツ心理学でも、最近までずっと「プレッシャーを取り除けばよい結果が出る」と考えられていましたが、今は逆に「プレッシャーをかけたほうがよい結果が出る」という考えが優勢になってきています。

つまりピンチという状況は、最初から私たちの味方だったのです。

イチロー選手はまた、こうも言っています。

「やっている間にそのプレッシャーから解き放たれるのは不可能ですね。プレッシャーがかかった中で、どうやってそこから抜け出すのかとよく聞かれますけど、その方法というのはないですよね。その苦しみを背負ってプレーするしかない。それを今回も強く感じました」。

繰り返しますが、**ピンチは「敵」ではなく「味方」です。**

ここ一番の勝負時や手が震えそうなほど緊張したとき、そうした状態に無理にあらがうのではなく、イチロー選手のように素直に身を任せてみてください。

そして「ピンチは成功するためのエネルギー源」とそれをプラスに変えることです。**「緊張してきたから今日はすごくいい仕事ができるぞ!」**と考えられれば、集中力もより高まっていくというわけです。

次のコトバを口グセにしよう

おっ。ピンチと感じているから成功するぞ

GAS ＝ プレッシャー

プレッシャーは
よい仕事をする
ためのエネルギー

CONCENTRATION 6

執着力を持つ

世の中に認められる人間というのは、何か一つのことにとりつかれている人間です。イチロー選手はまさにその一人です。

「ある時期、僕はパワーをつけたいとか、ボールを遠くへ飛ばしたいといった考えにとりつかれていました。そうすると、そのことばかりずっと考えてしまうのです」。

イチロー選手の場合、まず野球にとりつかれていることが大前提としてありますが、さらにもう一段階掘り下げたテーマを絞り込み、とことん執着するという性質があります。ある種の**オタク的要素**と言ってもいいかもしれません。

人はこうして何かに執着しているとき、多大なる集中力を発揮します。

少し冷たいようですが、物事に執着しない人には大きな成功はあり得ません。ピンチにあっても物事に執着せず、何でも受け入れてそれなりに幅広くこなす人は周りからは重宝されるかもしれませんが、何か一つ飛び抜けたものを持っていなければ、最終的には凡人という評価で終わってしまう場合が多いものです。

自分の中にある「井戸」を深く掘り進めない限り集中力は培われませんし、真の意味での評価も得られません。

そうなると結局、自分自身への自信にもつながっていかないのではないでしょうか。

ピンチにあっても集中力を養い、自信をもって世の中に認められる人間になりたければ、まず何か一つ、物事に執着してみることです。

イチロー選手のように何か一つテーマを決め、そのワンテーマについてさまざまな角度からじっくり深く考えることは、実に効率的で無駄のないやり方です。

例えば何かアイディアを求められるようなときでも、「自由に考えてください」と言われるのはとても難しいことで、これはむしろ「不自由」です。

制約やテーマがあるほうが、集中力が散漫にならず、物事をじっくり掘り下げて考えられます。

なお、何かに執着しそれについて深く考えるときは、必ず一人で行うようにしてください。

仕事でもよく、複数の人間が集まってああでもないこうでもないとアイディアを出し合う場面がありますが、これは集中力という観点から言うとNGです。

なぜなら、そうした環境では、自分のテーマがブレやすいからです。

まずは、1日に1度は必ず一人きりになり、何かに執着して考える時間を持つようにしてください。

そうすればピンチの中でも集中力は磨かれてゆくのです。

執着力がカギ

集中力のある人

- ・勝ち負けに無頓着
- ・最後まで絶対あきらめない
- ・終盤になって集中力を上げられる
- ・常に最高レベルの集中力を維持する
- ・ゲームを捨てない努力に徹する

集中力のない人

- ・勝ち負けにこだわる
- ・敗色が濃いとすぐにあきらめる
- ・終盤になると集中力が低下する
- ・集中力のレベルが不安定
- ・勝とうとする努力しかしない

執着力の有無が集中力の差を生む

CONCENTRATION 7

何事もプラス思考で考える

「交通事故さえなければ、きっとピッチャーを目指していたと思います。でも、事故のおかげで速い球が投げられなくなった。結果的に打者としてプロを目指すきっかけをつくってくれたのは、この交通事故なんですね」。

これはイチロー選手が高校2年生のときに遭った交通事故のことを振り返って語った言葉です。

当時投手だった彼は、自転車に乗っていたところを後ろから車に追突されて足を負傷し、1カ月半の松葉杖生活を余儀なくされました。

イチロー選手は、これを機にはじめて投手から打者に転向、それが結果として、現在のイチロー選手を成功の道へ導くことになりました。

人はトラブルに陥ると集中力が乱れてマイナスのことしか考えられなくなり「自分はもうダメだ」と諦めてしまいます。

しかし、イチロー選手は気を落とさずに「これは人生の転機だ」と考えました。持ち前のプラス思考によって、彼の集中力の芽は摘み取られずに済んだのです。

集中力は、自分自身がやる気に満ちあふれたときにはじめて芽を出し、成長しはじめます。

たとえ自分の身に悪いことが起きて一度は集中力が負のベクトルに向かってしまっても、ピンチをチャンスに変えていこうとする姿勢を持っていれば、軌道修正できるのです。

土台となる畑をきちんと耕してあげれば集中力は再び芽を出し、やがてイチロー選手のように大輪の花を咲かせることだってあり得ます。

人間は賢い動物。トラブルのときでさえ色々なことを頭で考えてしまうのです。

このとき厄介なのは「できない」と頭だけで決めつけてしまうこと。

「やっても無駄だ」と先に言い訳を作ってしまうと、集中力の糸はそこで切れてしまいます。

諦めるというのは、自ら集中力を養う力を放棄しているのと同じことです。

ピンチにあってもこれまでの気持ちを切り替え、今までできなかったことをやってみよう、と考えることで、集中力は再び芽を出して成長しはじめます。

いったんマイナスに作用した集中力をプラスのほうに持っていくためにはかなりのエネルギーが必要ですが、よくないことが起きて落胆しても、その思いを先まで引きずらず、取り去ることが大切です。

ネガティブ思考とさよならしよう

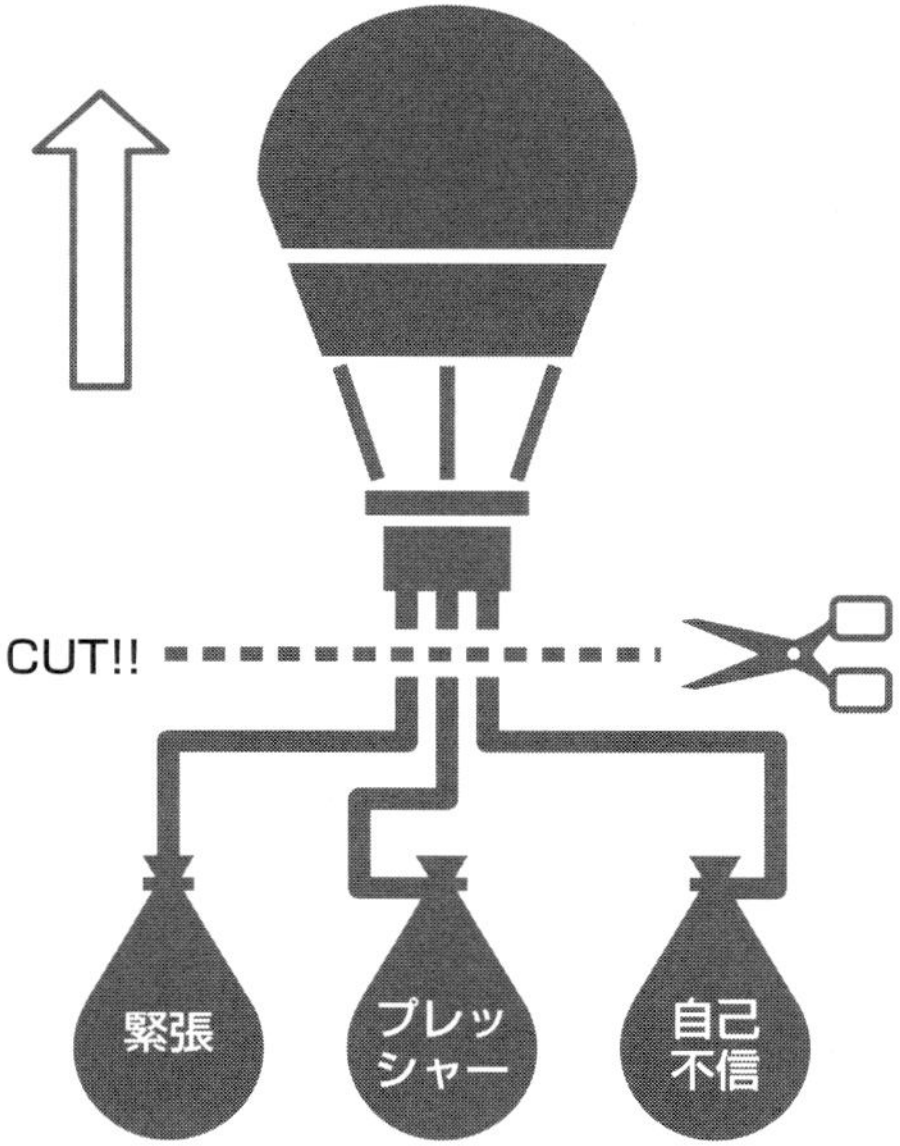
CUT!!
緊張
プレッシャー
自己不信

否定的な感情を取り除くだけで
人は上昇し、集中力がつく

CHAPTER 3

目標を明確にする

目標を明確にすることが大きなポイント！

集中力を高めるには、プレッシャーを追い払い、ピンチやスランプの状態をも楽しむ気持ちが大切です。

しかし、それだけではまだ集中力の本領発揮とまではいきません。

集中力をフル稼働させるためには、その力を**「強化」**する必要があります。

あなたはご存知でしょうか。人間が本来持っている集中力は、私たちの想像以上に大きなパワーを秘めているということを。

磨くほどに光り輝き、人を大きな成功に導くもの――それが集中力なのです。

鈍った集中力を強化する。その最も効果的なやり方が、この章でお伝えする**「目標**

を立てる」という方法です。

明確な目標を立てると、人間は集中力を維持してそれに向かって突進していけます。本来持っている力を**「爆発的に」**発揮させながら。

あるアメリカの調査によれば、莫大な富を築いた成功者の大半は「目標メモ」をいつも持ち歩いていたそうです。

イチロー選手の場合、「シーズン200安打を必ず打つ」という目標に強烈なこだわりを持ってシーズンに臨むからこそ、バッターボックスで集中力を高めることができるのでしょう。

では早速、目標設定と集中力の関係について詳しく解説していきましょう。

この関係を正しく理解し実行すれば、あなたの奥底で眠っていた集中力も覚醒し、さらなる力を発揮します。

CONCENTRATION

1 目標を立てよう

集中力は、毎日の仕事に何か一つ「目標」を作ることで手にすることができます。目標を立てるときの第一のポイントは「それが自分を成長させてくれる目標かどうか」、この一点に尽きます。

仕事に打ち込むことを、自分を成長させる機会と捉えることができれば、誰でも素晴らしい集中力を発揮できます。

あるとき、イチロー選手はこう語っています。

「僕なんて、まだできてないことの方が多いですよ。でも、できなくていいんです。だって、できちゃったら終わっちゃいますからね。できないから、いいんですよ」。

イチロー選手がヒットを1本打つことにあれほど異常なこだわりを見せるのは、バッターボックスという仕事場で自分を成長させたい、という**明確な目標**を持っているからです。

「平穏無事」な中で仕事をしていると、どうしても緊張感がなくなり集中力も削がれていってしまいます。

しかし、**平穏無事という言葉は、自らの成長を放棄した人間のためにだけ存在する言葉**です。少なくともプロと自認する、あるいは何かのプロになりたいと願うビジネスパーソンが守りに入ってはいけないのです。

「自分は仕事に手を抜いていないか？　100点の仕事をしているか？」。ときどきそう自問自答してみてください。

その目標に近づけない自分をクヨクヨ悩むことこそ大事なのです。

なぜなら、その悩みがあなたの目標になるからです。

悩みのない人生ほどつまらないものはありません。

悩みを持ちながらそれを克服することの快感は計り知れません。

「いろんな世界の人のトップの人たちに会いましたけど、みんな口を揃えて言いましたよ、『自分のためにやってる』って」。

周りの人間に気配りをしすぎて行動に移せない人がいますが、人は自分のことに精一杯で、あなたが考えるほど、あなたのことなど気にしていないものです。

もっとエゴイストに徹しましょう。

エゴイストを「利己主義」と訳してはいけません。**「個性主義」**と訳してください。社会生活の中での利己主義は嫌われますが、ことプロの仕事の世界では「強烈なエゴイスト」に徹することでしか評価してもらえません。

エゴイストに徹して自分を成長させるための目標を立て、仕事と格闘する。

そういう姿勢を貫けば、誰でもイチロー選手のような集中力を発揮できるのです。

日課カードをつけてみよう

日課カード

年　　月　　日

私はこの日課を今日中に必ず達成する

1	達成度　　%
2	達成度　　%
3	達成度　　%

反省欄

CONCENTRATION

2 目標を数値化する

イチロー選手の野球に対する目標は、小さい頃からかなり明確に決まっていたと言います。

小学校の卒業文集では、「僕は絶対プロ野球選手になる」と将来の夢について語った上で、入団したい球団名やドラフト入団であること、契約金の金額などについても詳しく書き記してあったそうです。

また、オリックス時代にある記者から「野球の練習が好きですか?」と問われたイチロー選手はこう答えています。

「そりゃ僕だって、勉強や野球の練習は嫌いですよ。誰だってそうじゃないですか。つらいし、大抵はつまらないことの繰り返し。でも、僕は子どものころから目標を持って努力するのが好きなんです。だって、その努力が結果として出るのはうれしいじゃないですか」。

目標のない人には集中力は培われません。大きな成功もあり得ません。

目指すゴールがなければモチベーションが上がらず、そこに向かって進んで行くための集中力を発揮できないからです。

目標というと「ビッグになりたい」とか「成功したい」といった漠然とした目標を掲げる人がいますが、それでは全く意味がありません。

なぜならそれは、**「具体的な目標設定」**をしていないからです。

具体的な目標を設ける際のポイントは2つあります。

1つは「目標とする成果の**数字**」を決めること。

もう1つは「**期限**を決めること」。

つまり、目標を数値化するのです。

大リーグに移った2001年以降のイチロー選手のこだわりに、「年間200安打を必ずクリアする」というものがあります。

シーズンが終わるまでに必ず200本以上ヒットを打つ。実に明確な数値化です。

そしてその目標は、2010年現在、10年連続で達成されています。

人間の集中力は、具体的な数字を意識することでフルに発揮されます。

もしもあなたが営業職の人なら、目標とする売上をいつまでに達成するのか。1カ月後なのか、半年後なのか、1年後なのか。

それを明記し、いつも意識するようにすれば、集中力は格段にアップし結果も変わってくるはずです。

集中力のある人は
最高の目標を設定できる人

目標達成シート

以下の2つの数字を書いてみよう。
これをこまめに見直そう。

1 私は **今のプロジェクト** で

1000万 円稼ぐ。

2 私はこれを **1カ月以内**

に達成する。

CONCENTRATION

3 目標は小刻みに立てる

あなたが何か大きな目標を達成したいと思っているのなら、それなりの時間をかけて努力を続けていかなければなりません。
そのために必要になるのは**「集中力のスタミナ」**です。

では、どのように集中力のスタミナを持続させていけばよいのでしょうか。
そのヒントも、イチロー選手の言葉の中に隠されています。

「満足するポイントがないと途方に暮れてしまいますから。細かい満足は絶対に必要だと思っています」。

人は大きな目標を設定しても「そこに辿り着くまでにはこれからたくさんの努力が必要だ」と思うだけで、実行する前から集中力がスタミナ切れを起こし、挫折してしまうことが多いものです。

そこで、まずはイチロー選手のように、**ワンステップ上がるたびに小さな満足感を得られるような目標設定**をしてみましょう。

つまり、目標を小刻みに設定するのです。

例えばダイエットなら、「1カ月に6キロ痩せる」という目標はなかなかハードに思えますが、6キロを30日で割って「1日に200グラム痩せる」と目標を小刻みにしてみるとどうでしょう、「やれるかもしれない」という気持ちになってこないでしょうか。

こうして一つずつ小さな目標をクリアしていけば、そのつど満足感が得られます。目標がクリアできれば自信もつきますし、当然、集中力のスタミナが途切れることもありません。

イチロー選手の「年間200安打」という目標も、ヒット1本1本の積み重ねから成り立っています。

彼は、ヒットを1本を打ったときは本当に心の底からうれしいと言います。

小刻みに心を満たす達成感が、彼の集中力とやる気を高めているのです。

小刻みな目標は、毎日の習慣にしてしまいましょう。

そうすれば実現不可能だと思っていた目標も、気づかぬうちに達成していた、といううれしい結果になることでしょう。

1日10分同じ時間に
同じことをしてみよう

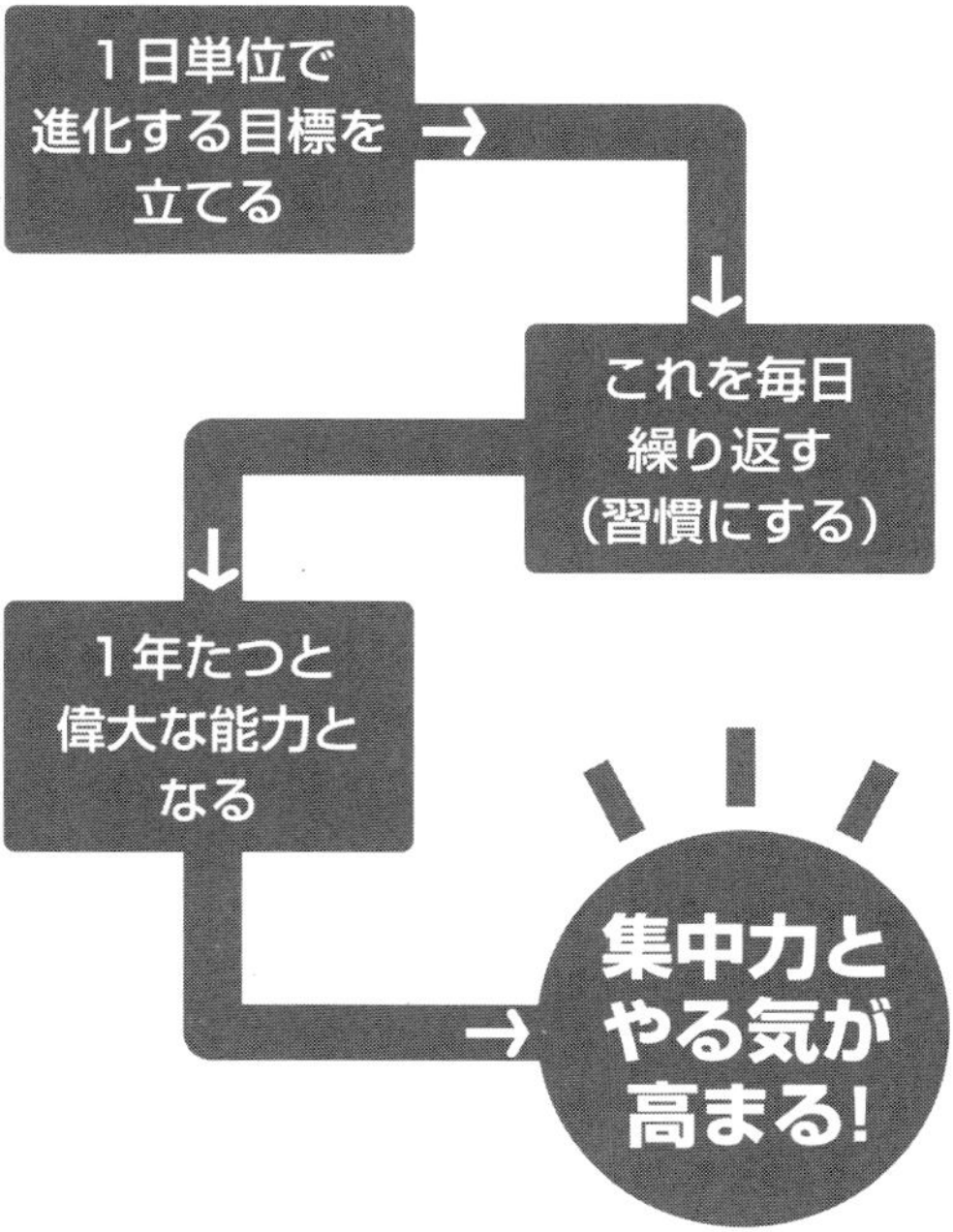
1日単位で
進化する目標を
立てる
これを毎日
繰り返す
(習慣にする)
1年たつと
偉大な能力と
なる
集中力と
やる気が
高まる!

CONCENTRATION 4

目標を決めたら迷わない

効果的な目標の立て方を学ぶことも大切ですが、それより前に、じつはぜひ覚えておいてほしいことがあります。

それは、**「行動に起こす勇気を持つ」**ということです。

当たり前の事のようですが、非常に大事なことです。

なぜなら、頭の中で入念にプランニングしていても、「はじめの一歩」をなかなか踏み出せない人が意外と多いからです。

ある記者に「メジャーリーガーとして、仕事に対する心の持ち方で大切なことは何ですか」と聞かれたとき、イチロー選手はこう答えています。

「自分はできないかもしれないけど、それをあえてやるぞということはすごく大事なことだと最近思いますね」。

「集中力」と「行動力」は分かちがたい関係で成り立っています。目標を立てるときにももちろん集中力は必要ですし、その中で集中力が芽生え、育まれていくことも事実です。

しかし、集中力の本領を発揮するためには行動するしかなく、行動しなければプロセスも結果も生まれません。

有名な自己啓発の啓蒙家、ジョセフ・マーフィーも、「成功できない人の共通点は、頭の中で考えるだけで、実際の行動に移せないこと」と断言しています。

例えばロッククライマーにおけるアマチュアとプロの違いは、テクニックではなく気迫なのだといいます。

悪天候のとき、すぐに諦めて下山してしまうのが**アマ**、翌日まで山小屋に残って天候がよくなるのを待ち、何がなんでも山に登るのが**プロ**だということです。

日本ではまだ減点主義が根強く、何か失敗したら減点になってしまいますが、最近では少しくらい失敗しても大きな成功をあげれば目をつぶるというアメリカの加点主義、成果主義に移行しつつあります。

極端に言えば、**行動を起こした人が評価される時代になってきている**ということです。

途中で失敗してもいいからとにかく山の頂上を極めたい！　と強く思うこと。

「できれば○○したい」という軟弱な意志ではなく、「絶対に○○する！」という強い意志を持つこと。

そんなチャレンジ精神とガッツが、あなたの中の集中力を目覚めさせるのです。

失敗とは?

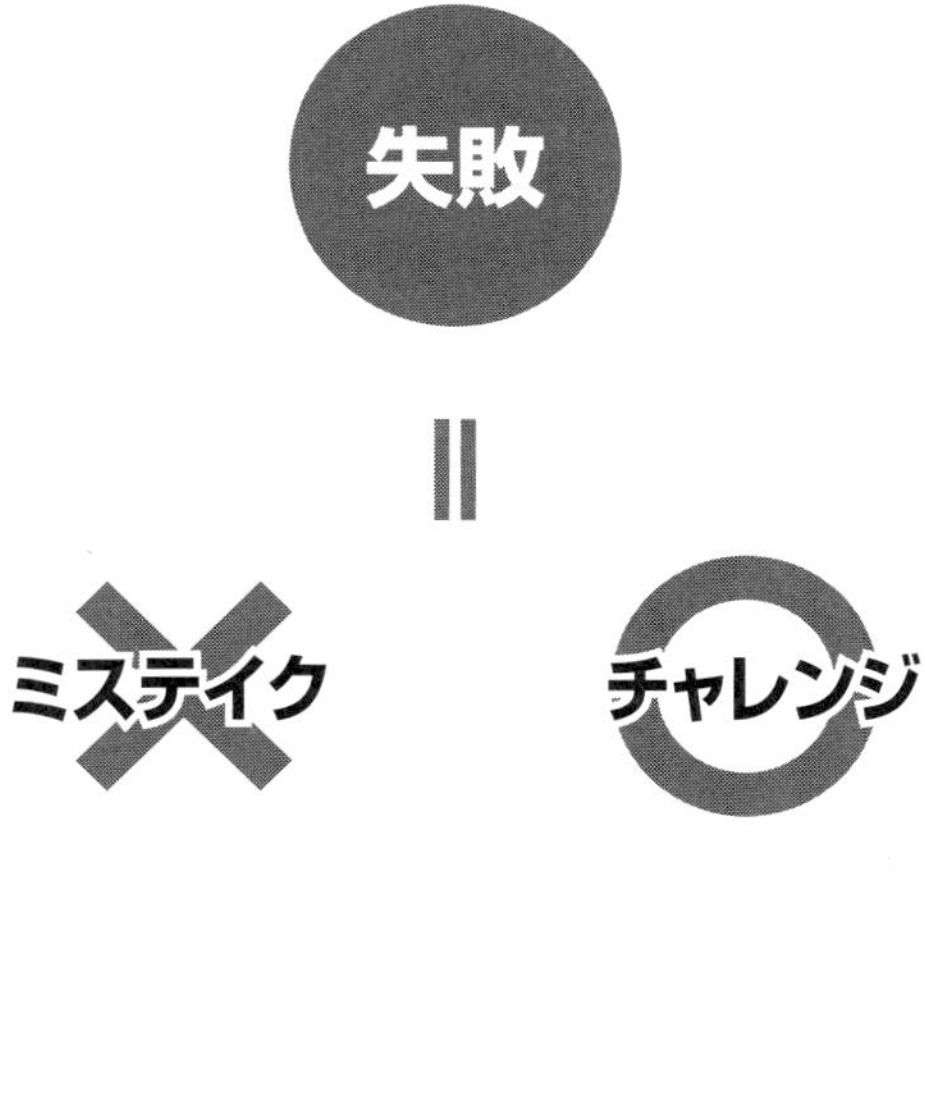
失敗
＝
ミステイク
チャレンジ

チャレンジすることが
集中力を育てる

CONCENTRATION 5

脳の力を最大限に利用する

人間の脳には、具体的に思い描いた自己イメージを現実化する力があります。

1994年、プロ野球ではじめて首位打者に輝いたとき、イチロー選手はインタビューでこう語っています。

「皆さんは、3割8分5厘というのはすごい数字だとお思いでしょうが、僕にはまだ6割以上の打ち損じがあります。その打ち損じを少しでも減らしていくことがこれからの僕の課題です」。

3割8分5厘という驚異的な成績をおさめた直後にもかかわらず、イチロー選手は、その成績ではなく打ち損じのほうに意識がいっています。なぜでしょうか。それは、イチロー選手の究極の目標が「打率10割のバッターになること」だからです。そう、これこそが彼の「自己イメージ」なのです。

頭の中に「自分は絶対こうなりたい」というイメージを思い描くと、集中力が働き、脳はそのイメージを現実化させようと動き出します。

ウィリアム・ジェームズという心理学者も、こう言っています。
「人間というのは、描いた夢より大きな夢を実現することはできない」。
つまり、頭の描く自己イメージによってその人の運命は決まるということです。

あなたもイチロー選手を見習って、理想とする自己を思い描いてみてください。これが集中力を研ぎ澄ますトレーニングになります。

ただし、自己イメージは、「ある日突然大金持ちになる」などといった非現実的なものではなく、あくまでも詳細まで具体的に思い描けるものであることが前提です。

「その自己イメージは本当に現実的か」「現実化させるにはどうしたらよいのか」と試行錯誤することが、集中力を育む大切なポイントになります。

ちなみに人間の脳は、よいことだけでなく悪いことも現実化させてしまいます。しかし、だからといって「悪いことはできるだけイメージしない」という逃げ方ではいけません。

最悪の状態を想定した上で、それを解決するイメージをも必死の思いで描くことが大切だということです。

ピンチがすぐそこまで迫っていると考え、気を引き締めながら自己イメージを上手に描く。これが集中力を養います。

演じる自分を手に入れよう

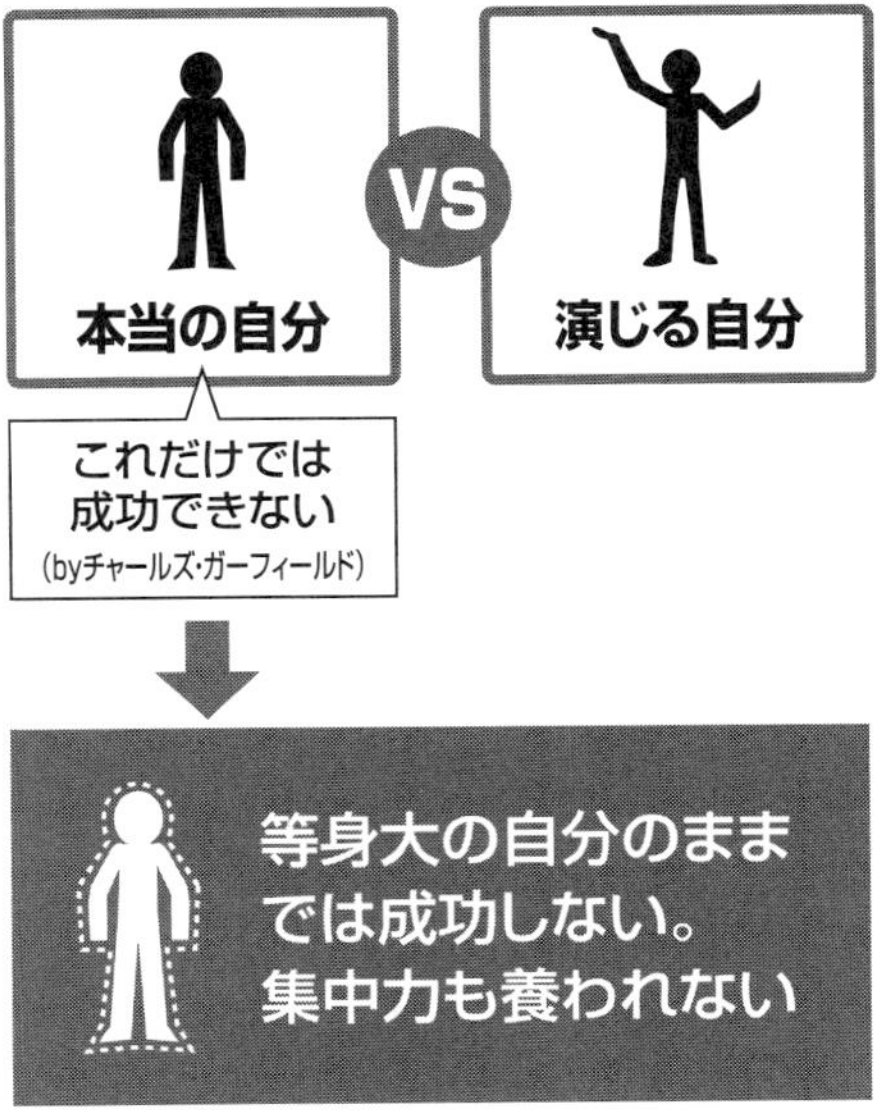
VS
本当の自分
演じる自分
これだけでは
成功できない
(byチャールズ・ガーフィールド)
等身大の自分のまま
では成功しない。
集中力も養われない

「なりたい」はあきらめ。
「なれる！」「なってやる！」を口グセに
脳に目標イメージを描いていこう

CONCENTRATION

6 「正しい目標」を設定する

２００７年９月３日、７年連続で２００安打という快挙を成し遂げたゲームの後、イチロー選手はこう語りました。

「まあ、１７０本から１９０本の間……。それは去年苦しんだ期間だったんですけど、僕は今年、そこを超えたいなと思っていて、そこを強く意識してプレーして超えられたので、まあ、その後はスムーズにいくなあと思って、実際そうだった。それを超えたことのほうがうれしいかな、今回は」。

イチロー選手は、周りの人が評価する２００安打という数字よりも、むしろ自分の中の壁である１７０本から１９０本をクリアすることが重要だったと言っています。

このように集中力を有効に使いながら目標とするゴールに到達するには、自分にとって正しい目標設定レベルを知る必要があります。

正しい目標レベルとは、モチベーションを最大に持って行くような設定のこと。

ハーバード大学の教授、デビッド・マクレランド博士の研究結果によると、人間のモチベーションが最も上がるのは、達成確率が60％くらいの目標に向かっているときなのだそうです。

つまり、最大限に集中力を高め、ギリギリで手が届くような目標のことです。

達成確率が10～20％だと不可能だと思い込んで集中力が途切れてしまい、反対に達成確率90％くらいだと少しくらい手を抜いても達成できると思って集中力が上がりません。

したがって60%という、**半分より少し高めの目標レベルに設定すると、死に物狂いで集中力を高めて物事に取り組める**というわけです。

また、目標を立てるときには、達成を妨げるような問題点のリストアップも忘れずに行ってください。

イチロー選手にとってはこれが「170~190本の壁」。

彼はその壁を強く意識し、これまで以上に努力し続けることで集中力を手にしています。

正しいゴールイメージをしっかり持とう

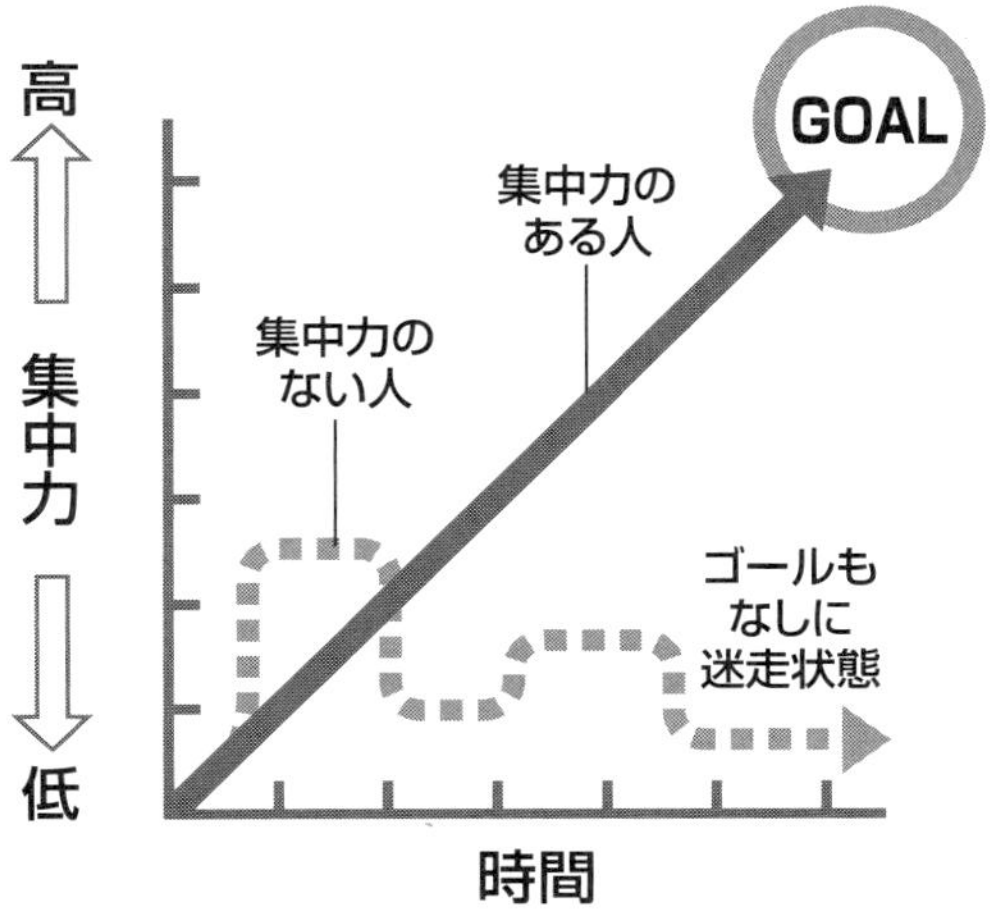
高
集中力
低
GOAL
集中力のある人
集中力のない人
ゴールもなしに迷走状態
時間

適切なゴールを定め
集中力を高めよう

CONCENTRATION

7 「宣言効果」を活用する

「センター返しはいつでもできます」。

これは愛工大名電高校に入学し、初対面の中村監督に、イチロー選手が言った言葉です。

それを聞いた中村監督は、「それなら自分の前で打ってみろ！」と3年生の投手に投げさせたところ、その7割近くをセンターに打ち返したといいます。

聞くところによると、アテネと北京の二つのオリンピックの男子競泳平泳ぎで二冠を達成した北島康介選手も、プールに飛び込む前に「僕は１００メートル平泳ぎを59秒フラットで泳ぐ」と宣言するそうです。

目標を口に出して言うこと（これを**宣言効果**と言います）は、集中力を高める上で効果的な方法です。

第三者にアナウンスすると、**目に見えない曖昧な「頭の中の目標」がハッキリと形になって表れ、「絶対に○○をしなければならない」と自分自身にプレッシャーがかかる**からです。

前述しましたが、プレッシャーがかかった状態というのは、集中力が高まっているときなのです。

アナウンスする対象は第三者ではなく、自分自身でも構いませんし、口に出して言うのではなく、何かに「書き記す」ことでも宣言効果は得られます。

例えば、退社前に今日の仕事の結果に点数をつけたり、自己採点してノートに書き残してみてはいかがでしょうか。

事務職の人なら、今日の仕事の出来ばえは5点満点中、「4点」なのか「3点」なのか、仕事の終わりに自分自身を振り返ってみるのです。

こうしたゲーム感覚の記録を毎日の習慣にすると、**自分の成績の移り変わりが一目でわかり、目指すべき目標が明らかになってきます。**

そうすれば、自然と集中して仕事に取り組めるというわけです。

要は、集中力をアップさせるためには、目標を頭の中だけにしまい込んでおくのではなく、**聴覚や視覚からも自分自身に語りかけ、目標をしっかり認識させる**ことが大事だということです。

集中力を養う5つの目標達成《ゴール設定》テクニック

1 達成時期を明確にし、宣言する

2 月間行動記録をつける

3 ゴールを妨げるもののリストアップ

4 目標達成のためのバックアップリストの作成

5 ゴールを思い浮かべ続けるイメージ力を持つ

メンタルコントロールをする

CHAPTER 4

メンタルコントロールが大切だ

集中力を手にし、その力を遺憾なく発揮させるためには、ただ単にがむしゃらに努力し続ければいいというわけではありません。
ここで重要になるのが**メンタル**、つまり精神面です。

人間を成功に導くのは**「行動」**。これしかありません。
しかし、人間の行動のほとんどは**「思考」**に支配されているもの。
まずは思考が正しい方向にコントロールされていなければ、行動も成果も望めない、仕事においてもまったく結果を望めないというわけです。

イチロー選手はメンタルコントロールの達人です。彼のバッティングの基本を成すメンタルスタンスはこうです。

「悪い球を打たないのではなく、自分にとっていい球が来たら打つ」。

このことからも、彼の心の在り方が凡人と異なることがわかるでしょう。

これが結果に明確な違いを及ぼすのです。


メンタルトレーニングを実践すると、イチロー選手のような**「心の積極性」**が培われます。くじけそうな自分に打ち勝つことができます。集中力をセルフコントロールでき、最高の能力を発揮できるようになります。

そればかりか直感力も研ぎ澄まされ、ここぞというときの**「勘」**が外れにくくなるという嬉しいおまけもついてきます。


この章では、そんな強靱な集中力を身につけるためのメンタルテクニックをイチロー選手に学び、それを実生活に活かすノウハウを紹介します。

CONCENTRATION 1

「コントロールできない要素」を排除する

「『さっきのはボールだった』とか、そういうことを審判に言っても、自分にとっては絶対にプラスには働かないんですよね」。

審判がストライクと判定したら、イチロー選手はたとえそれが自分ではボールだと思っていても、審判に対して抗議することはほとんどありません。いったん下された判定は覆りません。彼は、そうした「自分ではどうすることもできないこと」に関しては徹底的に無視します。

その代わり、イチロー選手はこう考えるのです。「それなら、次の打席ではその球を絶対打ってやろう」と。

考えても仕方のないことはスパッと諦め、自分ができることで挽回しようと考える。

イチロー選手ならではの、じつに潔い思考パターンです。

私たちは、自分が望むような結果が手に入らないと、つい、不平不満を言ってしまいます。

こうしたことに文句を言うことは簡単ですが、それで問題が解決するでしょうか。

多少気は晴れるかもしれませんが、それは本質的な解決にはなりません。

とかく人間は、「自分でコントロールできないもの」に意識を奪われがちです。

肝心なのは、自分の思考や行動といった「自分でコントロールできるもの」なのに、コントロールできないものにこだわるために、自分を見失ってしまうのです。

コントロールできないことが心の中に居座っていては、いつまでたっても集中力は養われません。**つまり時間の無駄なのです。**

英語には「Pack《パック》 your《ユア》 own《オウン》 parachute《パラシュート》」という言葉があります。

これは、「自分のパラシュートは自分で責任を持って背負いなさい」、つまり**「自分のやるべきことだけに意識を集中しなさい」**という意味です。

重要なのは、自分ではどうしようもないことに不平不満を言うことではなく、いま自分ができることに意識を注ぎ、常にメンタルをコントロールしていくということです。

まずはそのための行動ありき。

そうすれば集中力は自然とついてくるのです。

メンタルコントロールの基本

○	×
コントロールできること	コントロールできないこと
自分の考え	他人の判断
自分の行動	他人の成績
⋮	⋮
など	など

自分でコントロール
できないものには
こだわらない!

CONCENTRATION 2

否定的な言葉を吐かない

同じ能力の2人のバッターを比べたとき、「ヒットを打てるかもしれない」とポジティブに考えるバッターと、「三振に打ち取られるかもしれない」とネガティブに考えるバッターとでは、どちらがヒットを打つ確率が高いでしょうか。

答えは火を見るよりも明らかです。

イチロー選手は明らかに前者のタイプと言えるでしょう。

とはいえ、イチロー選手は根っからの100%ポジティブ人間というわけではないようです。

「『できなくてもしょうがない』は、終わってから思うことであって、途中でそれを思ったら絶対に達成できません」。

前の章でも少し触れましたが、人間の脳には、**自分の思い描いたイメージその通りの指令を体に出し、現実のものに変えてしまう**という働きがあります。
三振に打ち取られるイメージを頭に描いているバッターは、「三振の行動をとれ」と脳が体に指令を出し、それを体が忠実にやってのけてしまうのです。

イチロー選手は、否定的な言葉が精神的、身体的に及ぼす悪影響を知っています。だから、インタビューでも「自分はできない」「自信がない」という言葉をほとんど使いません。

彼の場合、例えば9回裏、自分のチームが7対0で負けていたとしてもネガティブな言葉は決して吐かず、ゲームセットの瞬間まで絶対に諦めません。
逆転できると信じて最後まで本気で闘い抜きます。

こうした極限のポジティブ思考のとき、集中力は最高レベルに達します。

世の中には圧倒的に否定的なことが多く、あるアメリカの調査によると、親は子どもを1回誉めるのに対し、18回叱っているという報告があります。

また、マスメディアが取り扱う記事も、肯定的なものと否定的なものの割合は、1対6だと言われています。

私たちも日常生活の中で、**知らずのうちに案外多くのネガティブワードを話しているものです。**ICレコーダーを胸ポケットに入れておき、自分が話していることを10分ほど録音して再生してみるだけでもそれはよくわかります。

ネガティブな言葉は、頭の中から退治する。

そうしたメンタルコントロールを心がければ、徐々に雑音にまどわされず、目の前の仕事に集中できるようになるのです。

ネガティブワードを
頭の中から追い出そう

ネガティブワード

「できないかもしれない」

「失敗するかもしれない」

ポジティブワード

「自分はできる!」

「必ず成功する!」

言葉の持つ言魂《ことだま》を信じよう
ネガティブワードは
今日から封印!

CONCENTRATION

3 心を動かす仕事をする

「僕はつまらない野球が嫌なので、フォアボールを選ぶことは自分には合わないと思ってます。ゲームに勝つには、そういうことも必要だと思いますけど」。

「つまらないゲームでも勝てればいい」と思うのはアマチュアの選手の発想です。一方、イチロー選手のような一流のプロフェッショナルは、ことの勝敗だけでなく、自分の仕事を通して「人を感動させること」にもこだわります。
だから彼はフォアボールを気にせず、集中力を高めヒットを打って観客を感動させようと考えるのです。

自分が第三者に感動を与え続けられるようなオンリーワンの存在になるというメン

タルを持たなければプロたり得ず、次の仕事もない、ということをプロは熟知しています。

だから彼らは、自分を客観的に見ることを忘れません。

「人を感動させるプレーをしなければ」と自分にプレッシャーをかけて精神を追い込むことが、あなたの集中力を高めます。

すべての仕事は「報酬を払う側」と「払われる側」の関係で成り立っています。

支払う側の人は、非常にお金にシビアで、私たちが商品を買うときと同じ心理状態にいます。

その商品に普通以上の何か特別なプラスαのものを感じなければ、それなりのお金しか支払いたくないものです。

支払う側に「この人の代わりは他にいくらでもいる」と思わせたら負けです。そこで終了し、二度と仕事はこないでしょう。

このときのプラスαの定義は人によってさまざまですが、「感動」や「満足感」といった相手の心に訴えかけるような目に見えないものが一番強いものです。

もし、イチロー選手が心のどこかで「それなりのプレーをすればいい」という三流のメンタルでいたら、私たちはこれほどまでに彼に熱狂するでしょうか。

彼を観るために多くの人がわざわざセーフコフィールドまで足を運ぶのは、観客という報酬者がイチロー選手という唯一無二の存在を感じたい、彼に感動したい、と願うからに他なりません。

あなたの仕事ぶりは、「無難」に落ち着いてしまっていないでしょうか。

大勢の人がしのぎを削る中で集中して一歩抜きんでた仕事をしたいなら、自分の特徴をきちんと知り、仕事に個性を注ぎ込むメンタルコントロールをするようしてください。

そうやって仕事に打ち込む過程で徐々に集中力は培われ、あなたにしかない能力やオリジナリティが、周囲の人への感動を生むのです。

人の心を動かそう

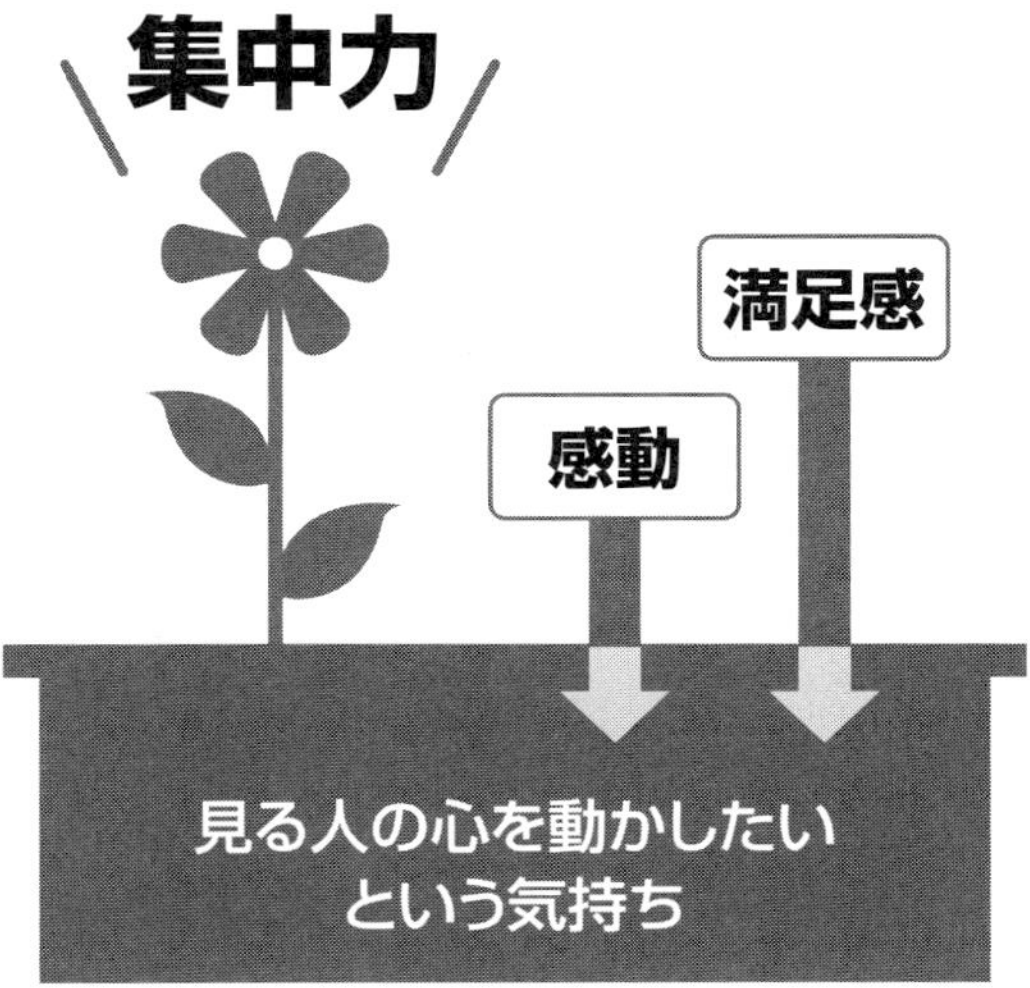

相手の心を動かしたいという
気持ちの土壌に集中力という
大輪の花が咲く

CONCENTRATION

④ 直感力を鍛える

「ボールというのはバットに当たったときにとらえるのではなく、投手の手から離れた瞬間にとらえるものなんです」。

イチロー選手は、頭の中で2回バットを振っていると言います。

1回目はピッチャーの手からボールが離れた瞬間、2回目はボールがホームベースの上を通過している瞬間です。

1回目のとき、彼はすでに自分がバットを振るか振らないかを判断しています。

こうしたメンタルトレーニングをしていくことで、集中力は養われます。

これは**「第六感」**とも言い換えられます。

例えば組織のトップが、Aの道を取るか、Bの道を取るかといった重要な決断をするときも、じつはこの第六感を働かせて判断しています。

もちろん過去のデータも参考にしているはずですが、最終的にそれを決めるのは直感しかありません。

シャーロック・ホームズの小説の中にも、こんなやりとりがあります。

相棒のワトソン博士から「君は僕たちの見えないものが見えるそうだね」と言われたホームズはこう答えます。

「いや、みんな同じものを見ているんです。でも、皆さんが気づかないだけなんですよ」と。

つまり、**同じ景色を見ても、他の人が気づかないことを見抜く力**こそ直感力で、この直感力こそが、集中力を高めるのです。

ただひとつ断っておきたいのは、**「直感」は「ヤマ勘」とは別物である**ということです。

AかBかを思いつきだけで判断するのはヤマ勘にすぎず、直感というのは、**その人の過去の経験やキャリアに裏づけされた確実な判断**のことを言います。

美しいものを見続けることで審美眼が身につくように、**直感力も経験の積み重ねがものを言います。**

今、目の前にある自分の仕事から何かを必死でつかもうとする姿勢によって、直感力は着実に積み重ねられていきます。

直感力を鍛えれば集中力が養われる。

左のメンタルトレーニングを行えば、大きな効果が望めますので、時間があいたときに気軽にトライしてみてください。

直感力を鍛えよう

状況とその時湧き出た直感を必ずメモしておこう。

直感メモ　　年　月　日

直感したこと

何をしていた?

何を考えていた?

湧き出たもの

これを後で検証することで
新しい気づきが生まれ直感力が
鍛えられ、集中力へとつながっていく

CONCENTRATION 5

運を味方につける

高校3年の夏、甲子園の予選準々決勝の試合を振り返ってイチロー選手はこう語っています。

「あそこで僕の野球は終わっていたかもしれないんですからね。もし僕が野球をやっていなかったとしたら、今の自分の周りにあるもの、何もない。うーん、何が残りますかね。ほんと何もないよね」。

愛工大名電は、5回裏が終わったところで5対3と中京に負けていましたが、突然の雨によりコールドゲームになりました。

このときイチロー選手の成績は3打数1安打。しかし、翌日行われた再試合で、イチロー選手は猛烈に打ちまくります。

逆転ホームランを含む4打数3安打で中京に快勝し、準決勝でも満塁ホームランを含む5打数4安打で勝ち進み、ついに愛工大名電は甲子園行きの切符を手に入れました。

これを見たオリックスのスカウトは彼をドラフトで指名したのです。

もし最初のゲームが成立していたら、愛工大名電は破れ、イチロー選手はスカウトの目にもとまらなかったでしょう。

「幸運の女神には後ろ髪がない」とはよく言われる言葉です。

あらかじめ周到に用意して女神が来るのを待ちかまえておかなければ、あっという間に通り過ぎてしまう、通り過ぎてから捕まえようと思っても後ろ髪がないから捕まえられないという意味です。

イチロー選手は日頃から心がまえがしっかりできていたために、その後の人生をかけた大一番で、幸運の女神を見事に捕まえることができました。

運やツキは生まれつきのものと考えられがちですが、必ずしもそうではないというのが私の考えです。

幸運の女神は、イチロー選手のように人一倍努力している人にだけ微笑むのではないでしょうか。

運やツキと呼ばれるものは、精一杯頑張った人に対する女神からのご褒美です。

どんなときでも「自分はこんなに頑張っているのだから絶対いいことがある」とプラス方向にメンタルコントロールすることが大切で、人と比べて焦ったり「どうせ頑張ってもいいことがない」と考える人は精神面ですでに負けています。

そういう人に女神が振り向くことはないのです。

プラスのメンタルコントロール

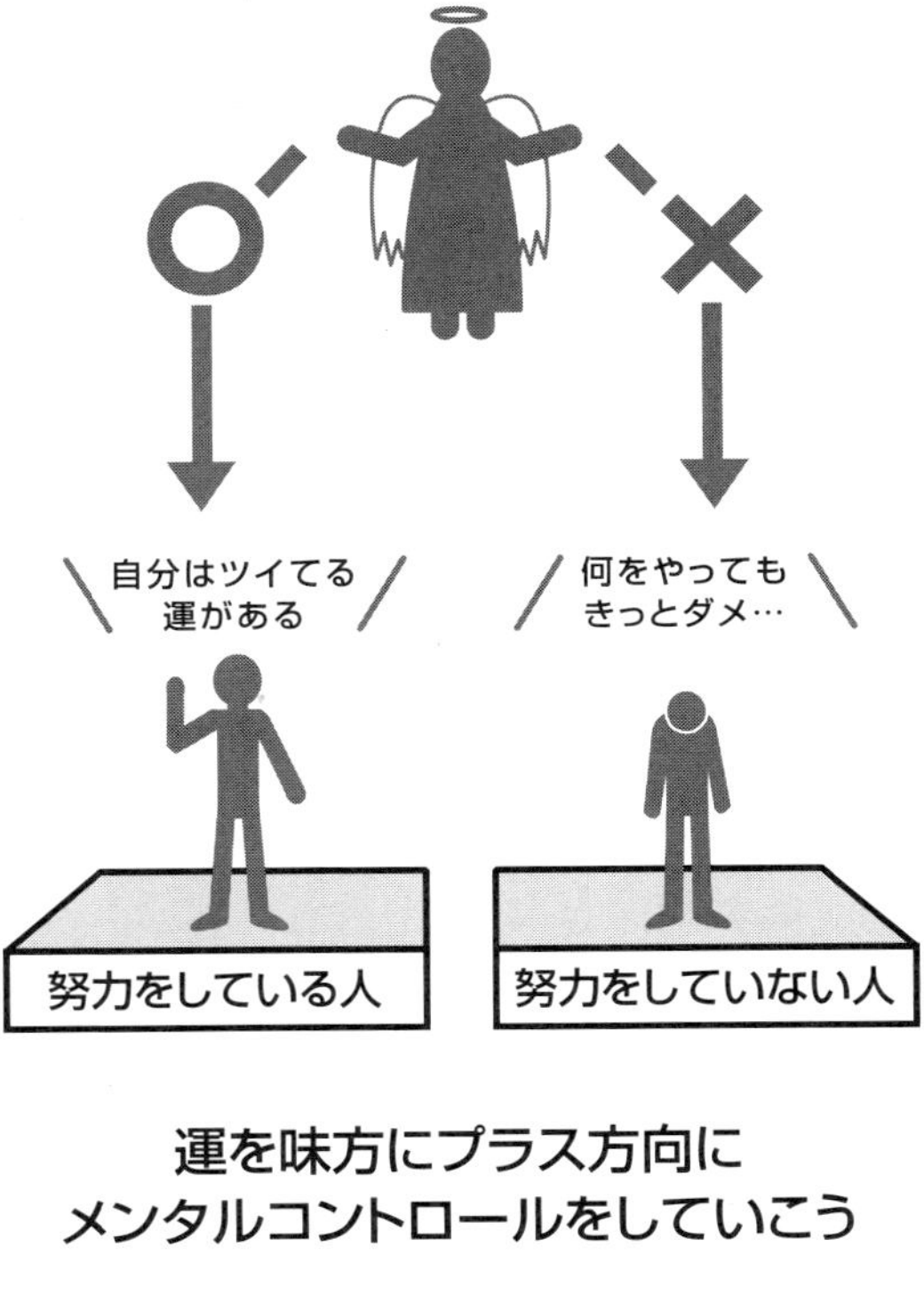
自分はツイてる
運がある
何をやっても
きっとダメ…
努力をしている人
努力をしていない人

運を味方にプラス方向に
メンタルコントロールをしていこう

CONCENTRATION

⑥ 「ゾーン」を手に入れる

何事も思い通りにできた日。あなたの周りでよいことが次々に起こった日。予測が冴え渡っていた日。

あなたもこのような幸運な日を経験したことがあるでしょう。

これは何も奇跡や偶然などではなく、あなたのメンタルが**「ゾーン」**に入っていたときの体験であることが多いのです。

いま欧米諸国で注目されているのが、この「ゾーン」という言葉です。

これはスポーツ心理学で頻繁に使われる用語で**「何事もおもしろいようにうまく運ぶ最高の心理状態」**のことをいいます。

例えばイチロー選手が5打数5安打のゲームのとき、彼は明らかにゾーンに入っています。

このとき集中力が全開になっていることは言うまでもありません。

「今は6安打もイメージできる自分になりつつあります。いつかやってみたいです」。

2004年9月、あるメジャーリーガーが1試合6安打を記録したとき、イチロー選手はこう語っています。

おそらく彼はこのときすでに自分なりのゾーンを摑んでいたのでしょう。

今一度振り返ってみてください。

素晴らしいアイディアが頭の中に浮かび上がってきたり、予測力が冴えた時間帯はいつだったか、場所はどこだったか。

こうした**「自分がゾーンに入りやすい『時間帯』と『場所』」**を特定できれば最高です。

ゾーンは1日経つと消えてしまい、どんなスーパーアスリートでもこの最高の心理状態を常時維持することは不可能です。

しかし、**自分のゾーンが訪れる時間帯と場所を特定できれば、その瞬間に焦点を合わせるというメンタルコントロール**ができ、最高レベルの集中力を維持しながら仕事に没頭できるようになるのです。

あなたの「ゾーン」を見つけよう

あなたの成功体験を振り返ろう

成功体験	時間帯	場所

ここが
あなたの「ゾーン」

CONCENTRATION

7 プリショット・ルーチンを実行する

「チームの調子が悪くても、自分が崩れることは考えていません。集中してやっているので、余計なことは考えません」。

どんなときもイチロー選手の軸がブレないのは、とにかく目の前の仕事を最高の形で全うする、その一点のみに考えが貫かれているからです。

彼は自分がバッターボックスに入ったとき、最高レベルの集中力を発揮することだけにこだわっています。

しかし集中力は、イチロー選手のような天才をもってしても瞬間的に頂点に達することはありません。

そこで彼は、いつも本番前に**「プリショット・ルーチン」**を行うことで集中力のウォーミングアップをしています。

Pre-shot routine。直訳すると「ショット前の決まり切った手順」です。

イチロー選手がバッターボックスに入る前に行う一連のプリショット・ルーチンは皆さんもよくご存知でしょう。

いつも決まった動作をして一定のリズムが出来上がると、呼吸と精神が整い、雑念に意識を奪われることなく本番に集中して臨めるようになります。

本番で集中力の頂点を迎えるように設定し、そこから逆算して集中力をウォームアップしていくというメンタルコントロールの手法は、私たちの生活にも応用することができます。

ビジネスマンの場合、朝、寝ぼけ眼で飛び起き、あたふたと出社して仕事をはじめると、非常にレベルの低い集中力からのスタートになります。

しかし、例えば家を30分早く出て、会社の近くのコーヒーショップで手帳を見ながらその日のスケジュールを確認したり、仕事に優先順位をつける作業をプリショット・ルーチンにすることでメンタルを最良の状態にもっていく。

そうすれば始業時間とともに**スタートダッシュ**でき、ぼんやりと回らない頭で午前中を無駄にしてしまうこともなくじつに効率的です。

プリショット・ルーチンとは

これをした後は必ず集中してしまうという行動のこと

例1

プレゼンの前には目を閉じて
ヒザを3回たたく

例2

スピーチの前には水を2杯飲み
赤いネクタイにしめ直す

⋮

——など、自身でプリショット・ルーチンを決める

プリショット・ルーチンを行うことで
集中力のウォーミングアップをしよう

CHAPTER 5

リラックスをする

リラックスが力をつける

集中力を発揮するときは、常に緊張感がつきまといます。

しかしいつもピンと張りつめた糸のような状態では、精神が摩耗してしまい、肝心の勝負のときに集中力を発揮することができなくなる場合も多いものです。


大切なのは、集中力の「ON」と「OFF」の使い分けです。

これまでお伝えしてきたことが「ON」だとすれば、この章で学んでいただきたいのは集中力の「OFF」、つまりリラックス方法です。


何事もメリハリが重要です。それはメンタル面でも同じこと。

オフのときにしっかり休み、リラックスすることで、肝心なときに集中できるよう

になるのです。

休暇のことをフランス語では「バカンス」、英語では「バケイション」と表現します。これらの語源は「空っぽ」という意味です。

訪れたことのないレストランで気の合った仲間と楽しい一時を過ごす。

普段とはまったく違うジャンルの本を読破する。

あるいは、頭を空っぽにするだけでも結構です。

毎日1時間で結構ですので、必ずリラックスする時間を確保する。

これだけでも十分、仕事における集中力を高めるエネルギー源になるのです。

最終章では、張りつめた心を解きほぐして最高の心理状態を形成するリラックスに関するノウハウを、イチロー選手の思考・行動パターンから見ていきましょう。

CONCENTRATION

1 気分転換をしよう

集中力を支えているもの。

それをスポーツ心理学では、**「メンタル・エネルギー（心理的エネルギー）」**と呼んでいます。

昼間このメンタル・エネルギーはどんどん消費されていきます。

午前中は集中力が高まって、あんなにバリバリ仕事ができたのに、夕方近くになるといくら集中しようと思っても、全く意欲が起きない……。

そんなときはこのメンタル・エネルギーの欠乏が原因です。

車のタンクがガス欠になれば、もはや車は走らないことを私たちはよく知っています。

ところが、メンタル・エネルギーが枯渇しているにもかかわらず、むりやり頑張ろうとするビジネスパーソンは多いものです。

これでは集中力も高まらず効率よい仕事などできるわけがありません。

メンタル・エネルギーを心の中に充満させれば、自然に集中力も高まり、あなたもイチロー選手のような素晴らしいパフォーマンスを発揮できます。

逆に、このエネルギーが欠乏すると、途端に集中力は途切れます。

イチロー選手のような一流のアスリートでも、メンタル・エネルギーが欠乏するとヒットを打てなくなるのですが、このことに関してイチロー選手はこう語っています。

「打てない時期にこそ、勇気を持ってなるべくバットから離れるべきです。勇気を持ってバットから離れないと、もっと怖くなるときがあります。そういう時期にどうやって気分転換をするかは、すごく大事なことです」。

メンタル・エネルギーが足りなくなったときはイチロー選手のような発想で、仕事と全く違うことをしてみることが大切です。

例えば、テニスの試合で相手のペースになりそうなとき、チャンピオンは靴のヒモを結び直します。

それは時間にしてわずか10秒間にすぎません。

しかし、この10秒間のつかいかたにより、試合の流れが変わることも多いのです。

これをビジネスパーソンに応用すると、どうなるでしょう?

コーヒーブレイクをとるのも気分転換には有効ですが、**ほんの10分間**でよいのです。思い切ってデスクを離れて軽くストレッチや深呼吸をしてみましょう。

あるいは昼休みはビルの外に出て、近くの公園やカフェテラスのようなあなたがリラックスできる場所を見つけて気分を入れ替えるようにしてください。

ちょっとした工夫で気分転換するテクニックを身につけるだけで、案外簡単に再び集中できるようになるものです。

集中するにはブレイクが大切

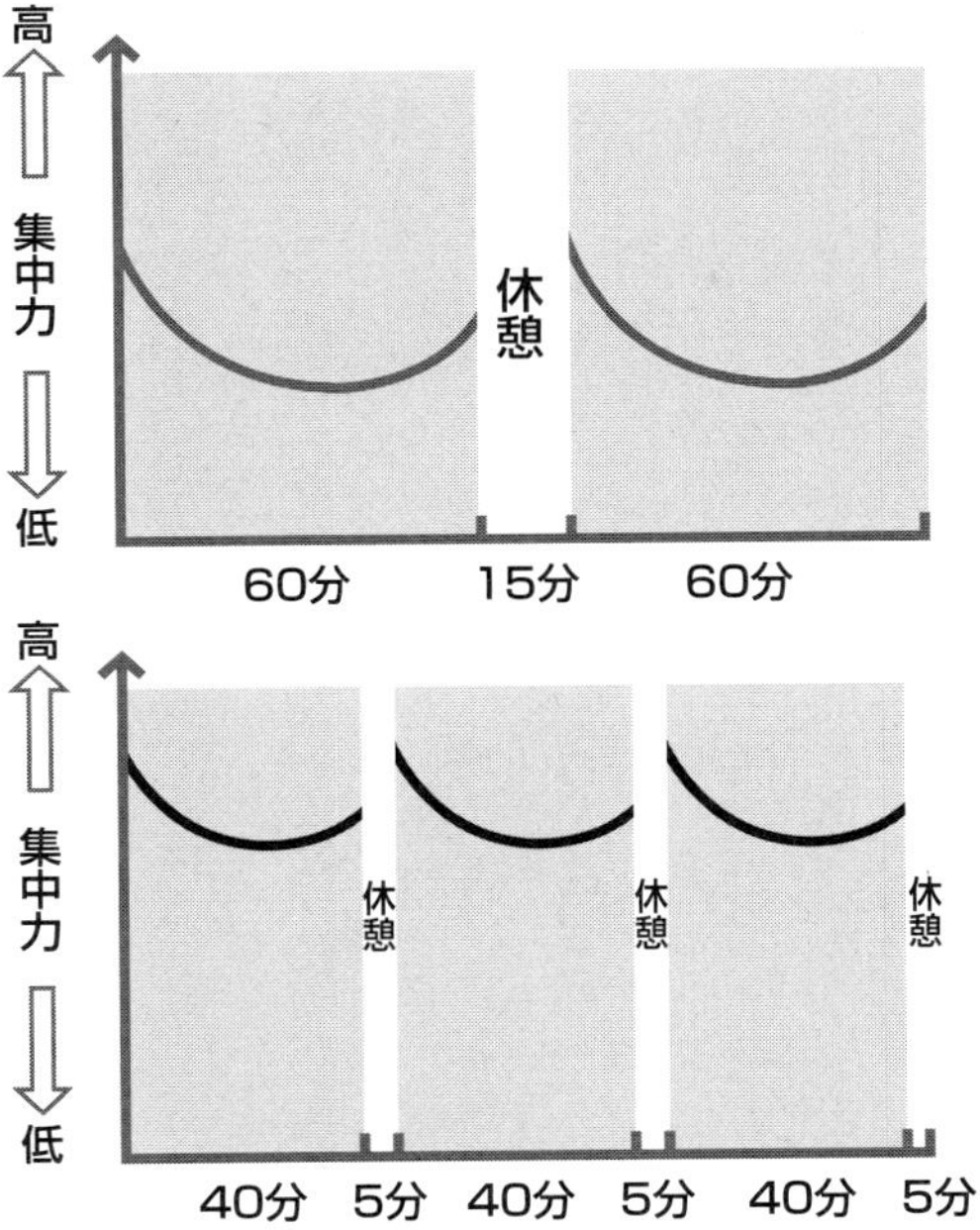
高
集中力
低
休憩
60分
15分
60分
高
集中力
低
休憩
休憩
休憩
40分
5分
40分
5分
40分
5分

ブレイクはマメに入れた方が
集中度は高い

CONCENTRATION 2

「瞬間リラックス法」をマスターしよう

肝心の仕事で集中力を発揮したかったら、うまく気分転換するテクニックを日常生活の中に取り込む工夫をしましょう。

気分転換のテクニックをうまく身につけた人は、集中力を発揮できるだけでなく、幸福感を感じながら充実した人生を送れるのです。

イチロー選手にしても、連日連夜続くゲームの重圧から解放されるために、自分なりの気分転換の仕方をしっかりとマスターしています。

「なにも考えずにボーッと金魚を眺めていると、気持ちが落ち着くんです。とくに、イライラしているときはリラックスできる」。

気分転換はちょっとした工夫で誰でも簡単にできるものです。
もちろん、週末に温泉に行ったり、気の合う仲間とゴルフを楽しむことも、英気を養う上で効果的かもしれません。しかし多忙な人間にとっては、なかなかそれもままなりません。

そこで「すきま時間」を活用して行う3分間あればできる**「瞬間リラックス法」**をご紹介しましょう。

例えば、目を閉じてゆったりと深呼吸するだけでも、すぐに気分をリフレッシュすることができます。これは私が**「瞬間瞑想法」**と名付けている気分転換法です。

瞑想する時間はせいぜい数分間で結構ですので、1日に数回、日常生活に組み込んでください。

この瞑想法を身につけると、集中力がつくだけでなく、斬新な発想が浮かんできたり、役に立つ直感を浮かび上がらせることができるようになります。

これは瞑想することにより、**「アルファ波」**というひらめきを生み出す脳波が出やすくなったためです。

集中力を途切らせたくなければ、睡眠の質や食事の栄養面が、気力を充実させて仕事の集中力を高めてくれることも理解しましょう。

このことに関しても、イチロー選手はサラリとこう言ってのけることができます。

「試合に出つづけるという意味で自己管理は必要ですが、ぼくらは高い給料をもらっているわけだから、体調管理は当たり前のことです」。

仕事の成果は、その人間の心理や体調をいかにベストにもっていくかという意識にも大きく左右されます。

つまり、あなたもチャンピオンのようにしっかりとリラックスをすれば、自然と集中力が発揮でき、仕事でも素晴しい成果をあげることができるのです。

瞬間リラックス法とは?

3分間目を閉じて
ゆっくりと
深呼吸する

⇩

気分がリフレッシュ

⇩

これを1日数回繰り返す

⇩

リラックスすることにより
集中力が回復する

CONCENTRATION

3 自分と対話する

イチロー選手ほど**道具**を大切に扱う選手は珍しいものです。
彼にとってバットやグラブは、ほとんど身体の一部になっています。
道具に関して、イチロー選手はこう語っています。

「打てなかったあとに道具にあたるのもあまりいい感じはしませんね。だって、バットが悪いわけじゃないのだから。モノにあたるくらいなら自分にあたれと思います」。

彼は毎日どんなに忙しいときでも最優先してグラブを磨く時間を確保しています。
これは一体なぜでしょうか。

理由は主に二つあります。

第一の理由は、道具を最高の状態に維持することによって最高のプレーができることを彼は知っているから。

そしてもうひとつの理由が、**それを「瞑想の時間」に使う**からです。

じつはイチロー選手にとってグラブを磨く時間というのは、単に「道具を大切に扱いたい」という気持ちだけでなく、瞑想の時間でもあるのです。

この時間が彼に大いなる集中力を発揮させる源になっていると言えるのです。

それに関しても、イチロー選手はこう語っています。

「ひとつには、グラブの一点を見つめていると、集中して今日あった試合を振り返ることができるっていうことがありますね。そういう、『消化する時間』が必要なんです。それらを磨いて細かいものを見つめていると、自分ひとりの空間に入れて、反省するのにいいんです」。

少なくともプロの選手になって以来、よほどのことがない限り、イチロー選手はこの習慣を1日たりとも欠かしたことがないはずです。

そういう心構えが彼の集中力を鍛え、偉大な仕事をさせているのです。

多くの人は忙しさに取り紛れて、1日の中で一定の時間を自分との対話の時間にあてることを怠っています。

夕食を終えた後、ワイングラスやゴルフクラブなどを磨きながら、その日1日の反省を兼ねて瞑想に耽る時間を確保するようにしてください。

こうした**「自分との対話」**の時間があなたの明日への集中力を呼び覚ますのです。

自分に語りかけてみよう

1 今、最も実現したい仕事は?

2 今、最も実現したいプライベートなことは？

3 今、最も磨きたい才能は?

4 今、最も磨きたい趣味は?

CONCENTRATION

④ 家族愛をエネルギーに変える

２００４年にシーズン通算２６２安打という世界記録を打ち立てたとき、イチロー選手には大きな重圧が襲いかかりました。

そのためかとくに終盤の９月に入ってファンやマスコミが記録を意識し出したときから、彼は突然ヒットが打てなくなりました。

記録との闘いで苦しんでいるイチロー選手に妻の弓子さんはこんな言葉を投げかけたそうです。

「もし達成できなくても、それはしょうがないじゃない。頑張ったんだもの、それでいいんじゃないかしら」。

この言葉でイチロー選手はずいぶん勇気づけられたと、後日語っています。

もちろん激励だけでなく、普段の弓子夫人のサポートが彼の活躍を支えているのは、間違いのないことです。

例えば、弓子夫人はシアトルでゲームがあるときには、ゲームの展開を見ながらイチロー選手の帰宅時間を予測して食事の支度を始めるといいます。

もちろん、食事の内容にも彼女は細心の配慮をしています。必ずイチロー選手好みの料理を最低6品は用意するというのです。

愛妻の支えがあるから自分は野球にだけ集中できる。そういう感謝が、彼の以下の言葉にしっかりと表れています。

「だって、弓子は、僕がどれだけ『成し遂げたい』と思っているかを、よくわかってくれているわけですから。だから、さらにこう、『やってやるぞ、絶対やってやる』っていう気持ちがわいてきたんですよ」。

家族愛というのは、あなたが考えている以上にパワフルなもの。

もう一度家族愛をしっかり受け止めて、それを仕事の集中力に結びつける工夫をしてみてください。

実は家族愛は、案外簡単に強めることが可能です。

例えば、欧米のビジネスマンは家族の写真の入った写真立てをデスクの一番目立つところに置いています。

それが気恥ずかしいなら、デスクの一番上の引き出しにこっそりと一番お気に入りの家族写真を忍ばせておき、機会をみてはそれをながめる習慣をつけましょう。

これが案外気分が落ち込んだときの特効薬になるのです。

家族愛をもっと意識しリラックスすることで、人は簡単に集中力が高まり、仕事の成果もあがるのです。

家族の愛はエネルギー

家族愛を意識しリラックスして
集中力をより高めよう

おわりに

ことさら集中力のトレーニングに精を出す必要もなく、ちょっとした工夫をするだけで、誰でもイチロー選手並の集中力を手に入れることができる。

それが私の結論です。

誰にも「才能の井戸」は存在します。

ところが残念なことに、目の前にその井戸があるのに、ほとんどの人がその井戸を掘ることを諦めてしまっています。

「必死で自分の個性を磨く」「目の前の仕事にしがみつく」。

そのような行為を通して目の前の才能の井戸を掘るだけで自然に集中力はわいてくるのです。

つまり仕事で集中力を発揮できない人は、仕事における才能の井戸の掘り方が不足していることなのです。

感性を研ぎ澄ませて才能の井戸を深く掘り進めれば、仕事の面白さに気づくことができます。同時に、仕事の中に日々新しい発見を見出すだけで自然に集中している自分を発見できるのです。

イチロー選手だって、ヒットを打てないときには、くよくよ悩むのです。

「なぜヒットが打てないのか？」

そのことを突き詰めて考え続けるとともに、バッターボックスで試行錯誤を繰り返しながらイチロー選手は集中力を育てていったと言えるのです。

★参考文献
『イチロー思考』児玉光雄（東邦出版）、『イチロー哲学』児玉光雄（東邦出版）、『イチロー262のメッセージ』夢をつかむイチロー262のメッセージ編集委員会（ぴあ）、『イチローの流儀』小西慶三（新潮社）、『イチロー至上主義』氏田秀男（実業之日本社）、『イチロー 果てしなき夢』義田貴士（学習研究社）

著者紹介
児玉光雄（こだま　みつお）
1947年兵庫県生まれ。鹿屋体育大学教授。京都大学工学部卒業。学生時代テニスプレーヤーとして活躍し、全日本選手権にも出場。カリフォルニア大学ロサンジェルス校（ＵＣＬＡ）大学院に学び工学修士号を取得。米国オリンピック委員会スポーツ科学部門の客員研究員としてオリンピック選手のデータ分析に従事。過去20年以上にわたり臨床スポーツ心理学者として、プロスポーツ選手のメンタルカウンセラーを務める。また、日本で数少ないプロスポーツ選手・スポーツ指導者のコメント心理分析のエキスパートとして知られている。
主な著書は、ベストセラーになった『イチロー思考』（東邦出版）をはじめ、『石川遼に学ぶメンタルゴルフ革命』（ベースボールマガジン社）、『岡田ジャパン　ブレない「組織脳」』（主婦の友社）、『ここ一番の集中力』（西東社）など、140冊以上にのぼる。日本スポーツ心理学会会員。日本体育学会会員。
〔ホームページアドレス〕http://m-kodama.com

【主な著作】
『イチロー哲学』（東邦出版）
『松坂大輔「100億思考」を読み解く!!』（東邦出版）
『そのとき選手が変わった！』（中経の文庫）
『こんな上司となら仕事がしたい』（KAWADE夢新書）
『イチローやタイガーの「集中力」を「仕事力」に活かす！』（二見文庫）
『子供のインド式「かんたん」計算ドリル』（ダイヤモンド社）
『イチロー選手の「夢」をつかむ言葉』（日刊スポーツ出版社）
『名将・王貞治　勝つための「リーダー思考」』（日本文芸社）
『楽しみながら頭がよくなる「脳トレ」パズル』（知的生きかた文庫）
『理工系の“ひらめき”を鍛える』（サイエンス・アイ新書）
『好きなものを先に食べてしまう人は成功しない』（世界文化社）

本書は、2007年11月にインデックス・コミュニケーションズより刊行された作品に、加筆・修正を加えたものです。

PHP文庫 どんな時でも結果が出せる！
イチロー式 集中力

2010年11月18日 第1版第1刷

著　者　児玉光雄
発行者　安藤卓
発行所　株式会社PHP研究所
東京本部　〒102-8331　千代田区一番町21
文庫出版部　☎03-3239-6259（編集）
普及一部　☎03-3239-6233（販売）
京都本部　〒601-8411　京都市南区西九条北ノ内町11
PHP INTERFACE　http://www.php.co.jp/
組　版　株式会社編集社
印刷所
製本所　図書印刷株式会社

ISBN978-4-569-67542-8

PHP文庫好評既刊

成功への情熱―PASSION―

稲盛和夫 著

一代で京セラを造り上げ、次々と新事業に挑戦する著者の、人生、ビジネスにおける成功への生き方とは？　ロングセラー待望の文庫化。

定価五八〇円
（本体五五二円）
税五％

会社が放り出したい人 1億積んでもほしい人

堀 紘一 著

経営者が真に欲しがる社員の資質とは……。それは、有能か無能かよりも「誠実さ」であると著者は言う。新時代の新自己研鑽法を伝授。

定価五六〇円
(本体五三三円)
税五%

PHP文庫好評既刊

「朝に弱い」が治る本

スッキリした目覚めを手に入れる習慣

鴨下一郎 著

「朝に弱い」のは本当に低血圧のせい？
——いつまでもベッドから起きられない現代人に、ぐっすり眠り、スッキリ目覚める秘訣を大公開！

定価四六〇円
（本体四三八円）
税五％